Délices Espagnols
Recettes Traditionnelles pour un Voyage Culinaire en Espagne

María García

RÉSUMÉ

POIRES POIVRE CHOCOLAT 26
    INGRÉDIENTS 26
    TRAITEMENT 26
    ROND 26

GÂTEAU AUX TROIS CHOCOLATS AVEC BISCUIT 27
    INGRÉDIENTS 27
    TRAITEMENT 27
    ROND 28

MERINGUE SUISSE 29
    INGRÉDIENTS 29
    TRAITEMENT 29
    ROND 29

CRÊPE À LA CRÈME DE NOISETTE ET BANANE 30
    INGRÉDIENTS 30
    TRAITEMENT 30
    ROND 31

GÂTEAU AU CITRON AVEC BASE DE CHOCOLAT 32
    INGRÉDIENTS 32
    TRAITEMENT 32
    ROND 33

TIRAMISU 34
    INGRÉDIENTS 34
    TRAITEMENT 34
    ROND 35

INTXAURSALSA (CRÈME DE NOIX) 36
    INGRÉDIENTS 36
    TRAITEMENT 36
    ROND 36

MERENGUE AU LAIT 37
    INGRÉDIENTS 37
    TRAITEMENT 37
    ROND 37

LANGAGE DU CHAT 38
    INGRÉDIENTS 38
    TRAITEMENT 38
    ROND 38

BISCUITS À L'ORANGE 39
    INGRÉDIENTS 39
    TRAITEMENT 39
    ROND 39

POMMES RÔTIES AU PORTO 40
    INGRÉDIENTS 40
    TRAITEMENT 40
    ROND 40

MERINGUE CUIT 41
    INGRÉDIENTS 41
    TRAITEMENT 41
    ROND 41

CRÈME 42
    INGRÉDIENTS 42

- TRAITEMENT 42
- ROND 42

BONBONS PANNA COTTA AU VIOLET 43
- INGRÉDIENTS 43
- TRAITEMENT 43
- ROND 43

BISCUITS AUX AGRUMES 44
- INGRÉDIENTS 44
- TRAITEMENT 44
- ROND 45

PATE DE MANGA 46
- INGRÉDIENTS 46
- TRAITEMENT 46
- ROND 46

GATEAU AU YAOURT 47
- INGRÉDIENTS 47
- TRAITEMENT 47
- ROND 47

COMPOTE DE BANANES AU ROMARIN 48
- INGRÉDIENTS 48
- TRAITEMENT 48
- ROND 48

CRÈMES BRÛLÉES 49
- INGRÉDIENTS 49
- TRAITEMENT 49
- ROND 49

- BRAS GYPSY REMPLIS DE CRÈME 50
  - INGRÉDIENTS 50
  - TRAITEMENT 50
  - ROND 50
- FLAN AUX ŒUFS 51
  - INGRÉDIENTS 51
  - TRAITEMENT 51
  - ROND 51
- GELÉE DE CAVA À LA FRAISE 52
  - INGRÉDIENTS 52
  - TRAITEMENT 52
  - ROND 52
- beignets 53
  - INGRÉDIENTS 53
  - TRAITEMENT 53
  - ROND 53
- COCA DE SAINT JEAN 54
  - INGRÉDIENTS 54
  - TRAITEMENT 54
- SAUCE BOLOGNE 55
  - INGRÉDIENTS 55
  - TRAITEMENT 55
  - ROND 56
- BOUILLON BLANC (POULET OU VEAU) 57
  - INGRÉDIENTS 57
  - TRAITEMENT 57

ROND	57
TOMATES	59
INGRÉDIENTS	59
TRAITEMENT	59
ROND	59
SAUCE ROBERTO	60
INGRÉDIENTS	60
TRAITEMENT	60
ROND	60
SAUCE ROSE	61
INGRÉDIENTS	61
TRAITEMENT	61
ROND	61
SAC À POISSON	62
INGRÉDIENTS	62
TRAITEMENT	62
ROND	62
SAUCE ALLEMANDE	63
INGRÉDIENTS	63
TRAITEMENT	63
ROND	63
SAUCE COURAGEUSE	64
INGRÉDIENTS	64
TRAITEMENT	64
ROND	65
BOUILLON NOIR (POULET OU BOEUF)	66

    INGRÉDIENTS 66

    TRAITEMENT 66

    ROND 67

PICON MOJO 68

    INGRÉDIENTS 68

    TRAITEMENT 68

    ROND 68

SAUCE PESTO 69

    INGRÉDIENTS 69

    TRAITEMENT 69

    ROND 69

SAUCE AIGRE DOUCE 70

    INGRÉDIENTS 70

    TRAITEMENT 70

    ROND 70

MOJITOS VERTS 71

    INGRÉDIENTS 71

    TRAITEMENT 71

    ROND 71

SAUCE BESAMMELLA 72

    INGRÉDIENTS 72

    TRAITEMENT 72

    ROND 72

CHASSEUR DE SAUCES 73

    INGRÉDIENTS 73

    TRAITEMENT 73

ROND	73
SAUCE AÏOLI	**74**
INGRÉDIENTS	74
TRAITEMENT	74
ROND	74
SAUCE AMERICAINE	**75**
INGRÉDIENTS	75
TRAITEMENT	75
ROND	76
SAUCE LEVER DU SOLEIL	**77**
INGRÉDIENTS	77
TRAITEMENT	77
ROND	77
SAUCE BARBECUE	**78**
INGRÉDIENTS	78
TRAITEMENT	78
ROND	79
SAUCE BERNOISE	**80**
INGRÉDIENTS	80
TRAITEMENT	80
ROND	80
SAUCE CARBONARA	**82**
INGRÉDIENTS	82
TRAITEMENT	82
ROND	82
SAUCE CHARCUTERA	**83**

INGRÉDIENTS	83
TRAITEMENT	83
ROND	83
SAUCE CUMBERLAND	**84**
INGRÉDIENTS	84
TRAITEMENT	84
ROND	85
SAUCE AU CURRY	**86**
INGRÉDIENTS	86
TRAITEMENT	86
ROND	87
SAUCE À L'AIL	**88**
INGRÉDIENTS	88
TRAITEMENT	88
ROND	88
SIMPLEMENT SAUCE	**89**
INGRÉDIENTS	89
TRAITEMENT	89
ROND	89
SAUCE AU CIDRE	**90**
INGRÉDIENTS	90
TRAITEMENT	90
ROND	90
SAUCE TOMATE	**91**
INGRÉDIENTS	91
TRAITEMENT	91

- ROND 92
- **SAUCE AU VIN PEDRO XIMENEZ** 93
  - INGRÉDIENTS 93
  - TRAITEMENT 93
  - ROND 93
- **SAUCE À LA CRÈME** 94
  - INGRÉDIENTS 94
  - TRAITEMENT 94
  - ROND 94
- **MAYONNAISE MAYONNAISE** 95
  - INGRÉDIENTS 95
  - TRAITEMENT 95
  - ROND 95
- **SAUCE AU YOGOURT ET À L'ANETH** 96
  - INGRÉDIENTS 96
  - TRAITEMENT 96
  - ROND 96
- **SAUCE DU DIABLE** 97
  - INGRÉDIENTS 97
  - TRAITEMENT 97
  - ROND 97
- **SAUCE ESPAGNOLE** 98
  - INGRÉDIENTS 98
  - TRAITEMENT 98
  - ROND 98
- **SAUCE HOLLANDAISE** 99

    INGRÉDIENTS 99

    TRAITEMENT 99

    ROND 99

ASSAISONNEMENT ITALIEN 100

    INGRÉDIENTS 100

    TRAITEMENT 100

    ROND 101

SAUCE MOUSSELINE 102

    INGRÉDIENTS 102

    TRAITEMENT 102

    ROND 102

SAUCE RÉMOULADE 103

    INGRÉDIENTS 103

    TRAITEMENT 103

    ROND 103

SAUCE BIZCAINE 104

    INGRÉDIENTS 104

    TRAITEMENT 104

    ROND 104

SAUCE ROUGE 106

    INGRÉDIENTS 106

    TRAITEMENT 106

    ROND 106

SAUCE MORNAY 107

    INGRÉDIENTS 107

    TRAITEMENT 107

- ROND 107
- SAUCE ROMASCO 108
  - INGRÉDIENTS 108
  - TRAITEMENT 108
  - ROND 109
- SAUCE SOUBISE 110
  - INGRÉDIENTS 110
  - TRAITEMENT 110
  - ROND 110
- SAUCE TARTARE 111
  - INGRÉDIENTS 111
  - TRAITEMENT 111
  - ROND 111
- SAUCE CARAMEL 112
  - INGRÉDIENTS 112
  - TRAITEMENT 112
  - ROND 112
- POTAGE 113
  - INGRÉDIENTS 113
  - TRAITEMENT 113
  - ROND 113
- SAUCE VELOUTÉE 114
  - INGRÉDIENTS 114
  - TRAITEMENT 114
  - ROND 114
- VINAIGRETTE SAUCE 115

    INGRÉDIENTS 115

    TRAITEMENT 115

    ROND 115

FRUITS ROUGES AU VIN DOUX A LA MENTHE 116

    INGRÉDIENTS 116

    TRAITEMENT 116

    ROND 116

    ROND 117

BAGUETTES DE POULET AU WHISKY 118

    INGRÉDIENTS 118

    TRAITEMENT 118

    ROND 118

CANARD RÔTI 119

    INGRÉDIENTS 119

    TRAITEMENT 119

    ROND 120

POITRINE DE POULET VILLAROY 121

    INGRÉDIENTS 121

    TRAITEMENT 121

    ROND 122

POITRINE DE POULET SAUCE CITRON MOUTARDE 123

    INGRÉDIENTS 123

    TRAITEMENT 123

    ROND 124

PINTADA RÔTIE AUX PRUNEAUX ET CHAMPIGNONS 125

    INGRÉDIENTS 125

- TRAITEMENT 125
- ROND 126

POITRINE DE POULET VILLAROY FARCIE DE PIQUILLOS CARAMÉLISÉS AU VINAIGRE DE MODÈNE 127
- INGRÉDIENTS 127
- TRAITEMENT 127
- ROND 128

POITRINE DE POULET FARCIE A LA Pancetta, CHAMPIGNONS ET FROMAGE 129
- INGRÉDIENTS 129
- TRAITEMENT 129
- ROND 130

POULET AU VIN DOUX AUX PRUNEAUX 131
- INGRÉDIENTS 131
- TRAITEMENT 131
- ROND 132

POITRINE DE POULET ORANGE AUX NOIX DE CAJOU 133
- INGRÉDIENTS 133
- TRAITEMENT 133
- ROND 133

PERDRIX MARINÉE 134
- INGRÉDIENTS 134
- TRAITEMENT 134
- ROND 134

CHASSEUR DE POULET 135
- INGRÉDIENTS 135

TRAITEMENT 135
    ROND 136
AILES DE POULET STYLE COCA COLA 137
    INGRÉDIENTS 137
    TRAITEMENT 137
    ROND 137
POULET À L'AIL 138
    INGRÉDIENTS 138
    TRAITEMENT 138
    ROND 139
CHILINDRON DE POULET 140
    INGRÉDIENTS 140
    TRAITEMENT 140
    ROND 141
MARINÉ AUX CAILLES ET FRUITS ROUGES 142
    INGRÉDIENTS 142
    TRAITEMENT 142
    ROND 143
POULET AU CITRON 144
    INGRÉDIENTS 144
    TRAITEMENT 144
    ROND 145
POULET SAN JACOBO AVEC JAMBON SERRANO, GÂTEAU CASAR ET ROQUETTE 146
    INGRÉDIENTS 146
    TRAITEMENT 146

ROND 146

CURRY DE POULET AU FOUR 147
INGRÉDIENTS 147
TRAITEMENT 147
ROND 147

POULET AU VIN ROUGE 148
INGRÉDIENTS 148
TRAITEMENT 148
ROND 149

POULET RÔTI À LA BIÈRE NOIRE 150
INGRÉDIENTS 150
TRAITEMENT 150
ROND 151

PERDRIX AU CHOCOLAT 152
INGRÉDIENTS 152
TRAITEMENT 152
ROND 153

QUART DE TALON RÔTI ET SAUCE AUX FRUITS ROUGES 154
INGRÉDIENTS 154
TRAITEMENT 154
ROND 155

POULET RÔTI AVEC SAUCE AUX PÊCHES 156
INGRÉDIENTS 156
TRAITEMENT 156
ROND 157

FILET DE POULET FARCI AUX ÉPINARDS ET MOZZARELLA 158

- INGRÉDIENTS 158
- TRAITEMENT 158
- ROND 158

POULET RÔTI AU CAVA 159
- INGRÉDIENTS 159
- TRAITEMENT 159
- ROND 159

BROCHETTES DE POULET À LA SAUCE AUX ARACHIDES 160
- INGRÉDIENTS 160
- TRAITEMENT 160
- ROND 161

POULET PEPITORIA 162
- INGRÉDIENTS 162
- TRAITEMENT 162
- ROND 163

POULET A L'ORANGE 164
- INGRÉDIENTS 164
- TRAITEMENT 164
- ROND 165

RAGOÛT DE POULET AUX CÈPES 166
- INGRÉDIENTS 166
- TRAITEMENT 166
- ROND 167

POULET SAUTÉ AUX NOIX ET SOJA 168
- INGRÉDIENTS 168
- TRAITEMENT 168

ROND 169

POULET AU CHOCOLAT AUX AMANDES RÔTIES........................170
    INGRÉDIENTS 170
    TRAITEMENT 170
    ROND 171

BROCHETTES D'AGNEAU AU PAPRIKA ET VINAIGRETTE À LA MOUTARDE 172
    INGRÉDIENTS 172
    TRAITEMENT 172
    ROND 173

POITRINE DE VEAU FARCIE AU PORTO 174
    INGRÉDIENTS 174
    TRAITEMENT 174
    ROND 175

BOULETTES DE VIANDE MADRILEÑA 176
    INGRÉDIENTS 176
    TRAITEMENT 177
    ROND 177

JOUES DE VEAU AU CHOCOLAT 178
    INGRÉDIENTS 178
    TRAITEMENT 178
    ROND 179

GÂTEAU DE PORC AU LIT CONFIT AVEC SAUCE AU VIN DOUX .180
    INGRÉDIENTS 180
    TRAITEMENT 180
    ROND 181

LAPIN MARQUÉ 182
    INGRÉDIENTS 182
    TRAITEMENT 182
    ROND 183

BOULETTES DE VIANDE PEPITORIA SAUCE AUX NOISETTES 184
    INGRÉDIENTS 184
    TRAITEMENT 185
    ROND 185

ESCALADES DE VEAU À LA BIÈRE NOIRE 186
    INGRÉDIENTS 186
    TRAITEMENT 186
    ROND 187

TRIPES MADRLETIENNES 188
    INGRÉDIENTS 188
    TRAITEMENT 188
    ROND 189

LONGE DE PORC RÔTIE AUX POMMES ET À LA MENTHE 190
    INGRÉDIENTS 190
    TRAITEMENT 190
    ROND 191

BOULETTES DE POULET AVEC SAUCE AUX FRAMBOISES 192
    INGRÉDIENTS 192
    TRAITEMENT 193
    ROND 193

RAGOÛT D'AGNEAU 194
    INGRÉDIENTS 194

    TRAITEMENT 194
    ROND 195
civette lièvre 196
    INGRÉDIENTS 196
    TRAITEMENT 196
    ROND 197
LAPIN AVEC PIPERRADA 198
    INGRÉDIENTS 198
    TRAITEMENT 198
    ROND 199
BOULETTES DE POULET FARCIES AU FROMAGE AVEC SAUCE AU CURRY 200
    INGRÉDIENTS 200
    TRAITEMENT 201
    ROND 201
OREILLERS AU VIN ROUGE 202
    INGRÉDIENTS 202
    TRAITEMENT 202
    ROND 203
COCHIFRITO NAVARRE 204
    INGRÉDIENTS 204
    TRAITEMENT 204
    ROND 204
RAGOÛT DE BŒUF À LA SAUCE AUX ARACHIDES 205
    INGRÉDIENTS 205
    TRAITEMENT 205

ROND 206

PORC BRÛLÉ 207

    INGRÉDIENTS 207

    TRAITEMENT 207

    ROND 207

JOINT DE CHOU RÔTI 208

    INGRÉDIENTS 208

    TRAITEMENT 208

    ROND 208

LAPIN CHASSEUR 209

    INGRÉDIENTS 209

    TRAITEMENT 209

    ROND 210

BALANCE DE VEAU MADRILEÑA 211

    INGRÉDIENTS 211

    TRAITEMENT 211

    ROND 211

SAUCE LAPIN CHAMPIGNONS 212

    INGRÉDIENTS 212

    TRAITEMENT 212

    ROND 213

CÔTES DE PORC IBÉRIQUE AU VIN BLANC ET AU MIEL 214

    INGRÉDIENTS 214

    TRAITEMENT 214

    ROND 215

POIRES POIVRE CHOCOLAT

INGRÉDIENTS

150 g de chocolat

85 g de sucre

½ litre de lait

4 poires

1 bâton de cannelle

10 grains de poivre

TRAITEMENT

Peler les poires sans retirer le pédoncule. Faites-les cuire dans le lait avec le sucre, le bâton de cannelle et les grains de poivre pendant 20 minutes.

Éliminer les poires, filtrer le lait et ajouter le chocolat. Réduire en remuant constamment jusqu'à épaississement. Servir les poires avec la sauce au chocolat.

ROND

Une fois les poires cuites, les ouvrir dans le sens de la longueur, retirer le cœur et garnir de mascarpone et de sucre. Fermer et assaisonner. Délicieux.

GÂTEAU AUX TROIS CHOCOLATS AVEC BISCUIT

INGRÉDIENTS

150 g de chocolat blanc

150 g de chocolat noir

150 g de chocolat au lait

450 ml de crème

450ml de lait

4 cuillères à soupe de beurre

1 paquet de biscuits Maria

3 sacs de caillé

TRAITEMENT

Émietter les biscuits et faire fondre le beurre. Mélanger les biscuits avec le beurre et réaliser la base du gâteau dans un moule amovible. Laisser reposer au congélateur pendant 20 min.

Pendant ce temps, faites chauffer 150 g de lait, 150 g de crème et 150 g d'un des chocolats dans un bol. Dès que ça commence à bouillir, diluez 1 sachet de lait caillé dans un verre avec un peu de lait et ajoutez au mélange dans le récipient. Retirer dès que ça cuit à nouveau.

Déposer le premier chocolat sur la pâte à biscuits et réserver au congélateur 20 min.

Faites de même avec un autre chocolat et placez-le sur la première couche. Et répétez l'opération avec le troisième chocolat. Laisser reposer au congélateur ou au réfrigérateur jusqu'au moment de servir.

ROND

D'autres chocolats peuvent être utilisés, comme la menthe ou l'orange.

MERINGUE SUISSE

INGRÉDIENTS

250 g de sucre

4 blancs d'œufs

Une pincée de sel

Quelques gouttes de jus de citron

TRAITEMENT

Battre les blancs d'œufs avec les bâtonnets jusqu'à ce qu'ils aient une consistance ferme. Ajouter le jus de citron, une pincée de sel et le sucre, petit à petit et sans arrêter de battre.

Lorsque vous avez fini d'ajouter le sucre, battez encore 3 minutes.

ROND

Lorsque les blancs d'œufs montés en neige sont fermes, on parle de point de pointe ou de point de neige.

CRÊPE À LA CRÈME DE NOISETTE ET BANANE

INGRÉDIENTS

100 g de farine

25 g de beurre

25 g de sucre

1 ½ dl de lait

8 cuillères à soupe de crème de noisette

2 cuillères à soupe de rhum

1 cuillère à soupe de sucre glace

2 bananes

1 oeuf

½ sachet de levure

TRAITEMENT

Battre ensemble l'œuf, la levure, le rhum, la farine, le sucre et le lait. Laisser reposer au réfrigérateur pendant 30 minutes.

Faites chauffer le beurre à feu doux dans une poêle anti-adhésive et étalez une fine couche de pâte sur toute la surface. Retourner jusqu'à ce qu'ils soient légèrement dorés.

Pelez et tranchez les bananes. Étalez 2 cuillères à soupe de crème de noisette et ½ banane sur chaque pancake. Fermer en forme de mouchoir et saupoudrer de sucre glace.

ROND

Les crêpes peuvent être préparées à l'avance. Lorsqu'ils sont consommés, il suffit de les chauffer dans une poêle avec un peu de beurre des deux côtés.

GÂTEAU AU CITRON AVEC BASE DE CHOCOLAT

INGRÉDIENTS

400ml de lait

300 g de sucre

250 g de farine

125 g de beurre

50 g de cacao

50 g de fécule de maïs

5 jaunes

jus de 2 citrons

TRAITEMENT

Mélanger la farine, le beurre, 100 g de sucre et le cacao pour obtenir un mélange sableux. Ajoutez ensuite de l'eau jusqu'à obtenir une pâte qui ne colle pas aux mains. Foncer un moule, verser cette crème et cuire à 170°C pendant 20 minutes.

Sinon, faites chauffer le lait. Pendant ce temps, battre les jaunes d'œufs et le reste du sucre jusqu'à ce qu'ils blanchissent légèrement. Ajouter ensuite la fécule de maïs et mélanger avec le lait. Chauffer sans cesser de remuer jusqu'à épaississement. Ajouter le jus de citron et continuer à mélanger.

Assemblez le gâteau en remplissant le fond avec la crème. Laisser reposer au réfrigérateur pendant 3 heures avant de servir.

ROND

Ajoutez quelques feuilles de menthe à la crème au citron pour donner au gâteau une parfaite touche de fraîcheur.

TIRAMISU

INGRÉDIENTS

500 g de mascarpone

120 g de sucre

1 paquet de biscuits

6 oeufs

Amaretto (ou rhum toasté)

1 grand verre avec cafetière (sucré au goût)

poudre de cacao

sel

TRAITEMENT

Séparez les blancs et les jaunes d'œufs. Fouetter les jaunes et ajouter la moitié du sucre et le mascarpone. Battre avec des mouvements enveloppants et réserver. Fouettez les blancs d'œufs en neige (ou fermes) avec une pincée de sel. Lorsqu'ils sont presque montés, ajoutez l'autre moitié du sucre et finissez de fouetter. Mélangez les jaunes et les blancs avec douceur et mouvements enveloppants.

Trempez les biscuits dans le café et la liqueur des deux côtés (sans trop les mouiller) et placez-les au fond d'un récipient.

Étalez une couche de crème aux œufs et au fromage sur les biscuits. Mouillez à nouveau les biscuits soletilla et assemblez-les sur la pâte. Terminez avec la pâte de fromage et saupoudrez de cacao en poudre.

ROND

Mangez le soir ou mieux deux jours après la préparation.

INTXAURSALSA (CRÈME DE NOIX)

INGRÉDIENTS

125 g de noix décortiquées

100 g de sucre

1 litre de lait

1 petit bâton de cannelle

TRAITEMENT

Faire bouillir le lait avec la cannelle et ajouter le sucre et les noix concassées.

Cuire à feu doux pendant 2 heures et laisser refroidir avant de servir.

ROND

Il doit avoir une consistance similaire au riz au lait.

MERENGUE AU LAIT

INGRÉDIENTS

175 g de sucre

1 litre de lait

Zeste de 1 citron

1 bâton de cannelle

3 ou 4 blancs d'œufs

Poudre de cannelle

TRAITEMENT

Faire chauffer le lait avec le bâton de cannelle et le zeste de citron à feu doux jusqu'à ce qu'il commence à bouillir. Ajouter immédiatement le sucre et cuire encore 5 minutes. Réserver et laisser refroidir au réfrigérateur.

Quand c'est froid, monter les blancs d'œufs en neige ferme et ajouter le lait avec des mouvements enveloppants. Servir avec de la cannelle moulue.

ROND

Pour un granité imbattable, réservez au congélateur et grattez-le toutes les heures avec une fourchette jusqu'à ce qu'il soit complètement gelé.

LANGAGE DU CHAT

INGRÉDIENTS

350 g de farine en vrac

250 g de beurre de pommade

250 g de sucre glace

5 blancs d'œufs

1 oeuf

Goût vanille

sel

TRAITEMENT

Dans un saladier mettre le beurre, le sucre glace, une pincée de sel et un peu d'essence de vanille. Bien battre et ajouter l'oeuf. Continuer de battre et ajouter les blancs d'œufs un à un en continuant de battre. Ajouter la farine d'un coup sans trop mélanger.

Réserver la crème dans une douille à embout lisse et faire des bandes d'environ 10 cm. Tapoter la plaque contre la table pour que la pâte s'étale et cuire à 200°C jusqu'à ce que les bords soient bien dorés.

ROND

Ajouter 1 cuillère à soupe de poudre de noix de coco à la pâte pour faire différentes langues de chat.

BISCUITS À L'ORANGE

INGRÉDIENTS

220 g de farine

200 g de sucre

4 œufs

1 petite orange

1 sur levure

Poudre de cannelle

220 g d'huile de tournesol

TRAITEMENT

Mélanger les œufs avec le sucre, la cannelle et le zeste et le jus d'orange.

Ajouter l'huile et mélanger. Ajouter la farine tamisée et la levure chimique. Laissez reposer ce mélange pendant 15 minutes et versez-le dans des moules à cupcakes.

Préchauffer le four à 200°C et cuire 15 minutes jusqu'à ce qu'il soit cuit.

ROND

Vous pouvez ajouter des pépites de chocolat à la pâte.

POMMES RÔTIES AU PORTO

INGRÉDIENTS

80 g de beurre (en 4 morceaux)

8 cuillères à soupe de porto

4 cuillères à soupe de sucre

4 pommes à pin

TRAITEMENT

Pelez les pommes. Remplir de sucre et mettre du beurre dessus.

Cuire 30 minutes à 175°C. Après ce temps, saupoudrez chaque pomme de 2 cuillères à soupe de porto et laissez cuire encore 15 minutes.

ROND

Servir chaud avec une boule de glace à la vanille et arroser du jus qu'ils ont libéré.

MERINGUE CUIT

INGRÉDIENTS

400 g de sucre semoule

100 g de sucre glace

¼ de litre de blancs d'œufs

gouttes de jus de citron

TRAITEMENT

Monter les blancs d'œufs au bain-marie avec le jus de citron et le sucre jusqu'à ce qu'ils soient bien mélangés. Retirer du feu et continuer à fouetter (plus la température baisse, plus la meringue va épaissir).

Ajouter le sucre glace et continuer à battre jusqu'à ce que la meringue soit complètement froide.

ROND

Il peut être utilisé pour couvrir des gâteaux et faire des décorations. Ne pas dépasser 60 ºC pour que le blanc d'œuf ne fige pas.

CRÈME

INGRÉDIENTS

170 g de sucre

1 litre de lait

1 cuillère à soupe de fécule de maïs

8 jaunes d'œufs

Zeste de 1 citron

Cannelle

TRAITEMENT

Faire bouillir le lait avec le zeste de citron et la moitié du sucre. Couvrez dès que ça bout et laissez reposer hors du feu.

A côté, battre les jaunes d'œufs avec le reste de sucre et la fécule de maïs dans un bol. Ajouter un quart du lait bouilli et continuer à remuer.

Ajouter le mélange de jaunes d'œufs au reste du lait et cuire en remuant constamment.

A la première ébullition, battre au fouet pendant 15 secondes. Retirer du feu et continuer à fouetter encore 30 secondes. Filtrez et laissez refroidir. Saupoudrer de cannelle.

ROND

Pour faire de la crème pâtissière aromatisée, du chocolat, des biscuits écrasés, du café, de la noix de coco râpée, etc., il suffit d'incorporer la saveur désirée hors du feu et pendant qu'elle est chaude.

BONBONS PANNA COTTA AU VIOLET

INGRÉDIENTS

150 g) sucre

100 g de bonbons violets

½ litre de crème

½ litre de lait

9 feuilles de gélatine

TRAITEMENT

Humidifiez les feuilles de gélatine avec de l'eau froide.

Faire chauffer la crème, le lait, le sucre et les caramels dans une casserole jusqu'à ce qu'ils fondent.

Une fois hors du feu, ajoutez la gélatine et mélangez jusqu'à ce qu'elle soit complètement dissoute.

Verser dans des moules et réfrigérer au moins 5 heures.

ROND

Vous pouvez varier cette recette en incorporant des bonbons au café, du caramel, etc.

BISCUITS AUX AGRUMES

INGRÉDIENTS

220 g de beurre ramolli

170 g de farine

55 g de sucre glace

35 g de fécule de maïs

5 g de zeste d'orange

5 g de zeste de citron

2 cuillères à soupe de jus d'orange

1 cuillère à soupe de jus de citron

1 blanc d'oeuf

Goût vanille

TRAITEMENT

Mélanger très lentement le beurre, le blanc d'œuf, le jus d'orange, le jus de citron, le zeste d'agrumes et une pincée d'essence de vanille. Mélanger et ajouter la farine tamisée et la fécule de maïs.

Placer la pâte dans une douille à douille annulaire et tracer des cercles de 7 cm sur le papier cuisson. Cuire 15 minutes à 175°C.

Saupoudrer les biscuits de sucre en poudre.

ROND

Ajouter les clous de girofle moulus et le gingembre à la pâte. Le résultat est excellent.

PATE DE MANGA

INGRÉDIENTS

550 g de farine en vrac

400 g de beurre ramolli

200 g de sucre glace

125 g de lait

2 oeufs

Goût vanille

sel

TRAITEMENT

Mélanger la farine, le sucre, une pincée de sel et une autre d'essence de vanille. Ajouter les œufs pas trop froids un à la fois. Mouiller avec le lait légèrement chaud et ajouter la farine tamisée.

Placer la pâte dans une douille à douille annulaire et en verser un peu sur du papier cuisson. Cuire à 180°C pendant 10 minutes.

ROND

Vous pouvez ajouter quelques amandes granulées à l'extérieur, les tremper dans du chocolat ou y coller des cerises.

GATEAU AU YAOURT

INGRÉDIENTS

375 g de farine

250 g de yaourt nature

250 g de sucre

1 sachet de levure chimique

5 oeufs

1 petite orange

1 citron

125 g d'huile de tournesol

TRAITEMENT

Battre les œufs et le sucre au batteur pendant 5 min. Mélanger avec le yogourt, l'huile, le zeste et le jus d'agrumes.

Tamiser la farine et la levure et les ajouter aux yaourts.

Beurrer et fariner un moule. Versez la pâte et enfournez à 165 ºC pendant environ 35 min.

ROND

Utilisez des yaourts aromatisés pour faire différents biscuits.

COMPOTE DE BANANES AU ROMARIN

INGRÉDIENTS

30 g de beurre

1 brin de romarin

2 bananes

TRAITEMENT

Pelez et tranchez les bananes.

Mettez-les dans une casserole, couvrez et faites cuire à feu très doux avec le beurre et le romarin jusqu'à ce que la banane ressemble à une compote.

ROND

Cette compote se marie aussi bien avec les côtelettes de porc qu'avec la génoise au chocolat. Vous pouvez ajouter 1 cuillère à soupe de sucre pendant la cuisson pour le rendre plus sucré.

CRÈMES BRÛLÉES

INGRÉDIENTS

100 g de sucre roux

100 g de sucre blanc

400cl de crème

300cl de lait

6 jaunes d'œufs

1 gousse de vanille

TRAITEMENT

Ouvrir la gousse de vanille et extraire les graines.

Dans un bol, battre le lait avec le sucre blanc, les jaunes d'œufs, la crème et les gousses de vanille. Remplir des moules individuels avec ce mélange.

Préchauffer le four à 100°C et cuire au bain-marie pendant 90 min. Une fois froid, saupoudrez de cassonade et brûlez au chalumeau (ou préchauffez le four au maximum en mode gril et faites cuire jusqu'à ce que le sucre brûle légèrement).

ROND

Ajoutez 1 cuillère à soupe de cacao instantané à la crème ou au lait pour une délicieuse crème brûlée au cacao.

BRAS GYPSY REMPLIS DE CRÈME

INGRÉDIENTS

250 g de chocolat

125 g de sucre

½ litre de crème

Biscuit Soletilla (voir rubrique Desserts)

TRAITEMENT

Faire une génoise à la soletilla. Garnir de chantilly et rouler sur lui-même.

Dans une casserole, porter à ébullition le sucre avec 125 g d'eau. Ajouter le chocolat, le laisser fondre 3 minutes sans cesser de remuer et en recouvrir le rouleau. Laisser reposer avant de servir.

ROND

Pour profiter d'un dessert encore plus complet et gourmand, ajoutez des petits morceaux de fruits à la crème au sirop.

FLAN AUX ŒUFS

INGRÉDIENTS

200 g de sucre

1 litre de lait

8 oeufs

TRAITEMENT

Faire un caramel avec le sucre à feu doux et sans remuer. Lorsqu'il prend une couleur grillée, retirer du feu. Répartir en flans individuels ou dans n'importe quel moule.

Battre le lait et les œufs en évitant la formation de mousse. S'il apparaît avant de le placer dans les moules, retirez-le complètement.

Verser sur le caramel et cuire au bain-marie à 165°C pendant environ 45 minutes ou jusqu'à ce qu'une aiguille en ressorte propre.

ROND

Cette même recette est utilisée pour faire un délicieux pudding. Il suffit d'ajouter les croissants, muffins, biscuits... de la veille au mélange.

GELÉE DE CAVA À LA FRAISE

INGRÉDIENTS

500 g de sucre

150 g de fraises

1 bouteille de vin mousseux

½ sachet de feuilles de gélatine

TRAITEMENT

Faire chauffer le cava et le sucre dans une casserole. Retirez la gélatine préalablement hydratée dans l'eau froide du feu.

Servir dans des verres à Martini avec les fraises et réserver au réfrigérateur jusqu'à ce qu'elles soient prises.

ROND

Il peut également être fait avec n'importe quel vin doux et avec des fruits rouges.

beignets

INGRÉDIENTS

150 g de farine

30 g de beurre

250ml de lait

4 œufs

1 citron

TRAITEMENT

Porter à ébullition le lait et le beurre, ainsi que le zeste de citron. A ébullition, retirer la peau et ajouter la farine en une seule fois. Éteignez le feu et remuez pendant 30 secondes.

Remettez sur le feu et remuez encore une minute jusqu'à ce que la pâte colle aux parois du récipient.

Versez la pâte dans un bol et ajoutez les œufs un à un (n'ajoutez pas le suivant tant que le précédent n'est pas bien incorporé à la pâte).

A l'aide d'une poche à douille ou de 2 cuillères, dorer les beignets par petites portions

ROND

Il peut être rempli de crème, de crème, de chocolat, etc.

COCA DE SAINT JEAN

INGRÉDIENTS

350 g de farine

100 g de beurre

40 g de pignons de pin

250ml de lait

1 sachet de levure chimique

Zest de 1 citron

3 oeufs

sucre

sel

TRAITEMENT

Tamiser la farine et la levure chimique. Mélangez et faites un volcan. Mettre les zestes, 110 g de sucre, le beurre, le lait, les œufs et une pincée de sel au centre. Bien pétrir jusqu'à ce que la pâte ne colle pas aux mains.

Étalez au rouleau jusqu'à obtenir une fine forme rectangulaire. Déposez-les sur une plaque recouverte de papier sulfurisé et laissez infuser 30 minutes.

Badigeonner le coca d'œuf, saupoudrer de pignons de pin et 1 cuillère à soupe de sucre. Cuire au four à 200 ºC pendant environ 25 min.

SAUCE BOLOGNE

INGRÉDIENTS

600 g de tomates concassées

500 g de viande hachée

1 verre de vin rouge

3 carottes

2 branches de céleri (facultatif)

2 gousses d'ail

1 oignon

Origan

sucre

Huile d'olive

Sel et poivre

TRAITEMENT

Hacher finement l'oignon, l'ail, les branches de céleri et les carottes. Faire dorer et quand les légumes sont tendres ajouter la viande.

Assaisonner et verser sur le vin lorsque la couleur rosée de la viande a disparu. Laisser réduire 3 minutes à feu vif.

Ajouter la tomate concassée et cuire à feu doux pendant 1 heure. Enfin, ajoutez du sel et du sucre et ajoutez de l'origan au goût.

ROND

La bolognaise est toujours associée aux pâtes, mais avec le riz pilaf c'est très bon.

BOUILLON BLANC (POULET OU VEAU)

INGRÉDIENTS

1 kg d'os de boeuf ou de poulet

1 dl de vin blanc

1 branche de céleri

1 brin de thym

2 clous de girofle

1 feuille de laurier

1 poireau propre

1 carotte propre

½ oignon

15 grains de poivre noir

TRAITEMENT

Mettez tous les ingrédients dans une marmite. Couvrir d'eau et cuire à feu moyen. Quand il commence à bouillir, égouttez-le. Cuire pendant 4 heures.

Filtrer et transférer dans un autre récipient. Réserver rapidement au réfrigérateur.

ROND

Ne pas saler avant utilisation, car il est plus susceptible de se gâter. Il est utilisé comme base de bouillon pour faire des sauces, des soupes, des plats de riz, des ragoûts, etc.

TOMATES

INGRÉDIENTS

1 kg de tomates

120 g d'oignons

2 gousses d'ail

1 brin de romarin

1 brin de thym

sucre

1 dl d'huile d'olive

sel

TRAITEMENT

Couper les oignons et l'ail en petits morceaux. Faire dorer doucement 10 minutes dans une casserole.

Coupez les tomates cerises et ajoutez-les dans la poêle avec les herbes aromatiques. Cuire jusqu'à ce que les tomates perdent toute leur eau.

Salez et ajustez le sucre si nécessaire.

ROND

Il peut être préparé à l'avance et conservé au réfrigérateur dans un récipient hermétique.

SAUCE ROBERTO

INGRÉDIENTS

200 g d'oignon de printemps

100 g de beurre

½ litre de bouillon de viande

¼ de litre de vin blanc

1 cuillère à soupe de farine

1 cuillère à soupe de moutarde

Sel et poivre

TRAITEMENT

Faire revenir l'oignon haché dans le beurre. Ajouter la farine et cuire doucement pendant 5 min.

Monter le feu, ajouter le vin et réduire de moitié en remuant constamment.

Ajouter le bouillon et cuire encore 5 minutes. Une fois hors du feu, ajouter la moutarde et assaisonner de sel et de poivre.

ROND

Idéal pour accompagner le porc.

SAUCE ROSE

INGRÉDIENTS

250 g de sauce mayonnaise (voir rubrique Bouillons et sauces)

2 cuillères à soupe de ketchup

2 cuillères de cognac

½ jus d'orange

Tabasco

Sel et poivre

TRAITEMENT

Mélanger la mayonnaise, le ketchup, le cognac, le jus, une pincée de tabasco, sel et poivre. Bien battre jusqu'à obtenir une sauce onctueuse.

ROND

Pour rendre la sauce plus homogène, ajoutez ½ cuillère à soupe de moutarde et 2 cuillères à soupe de crème liquide.

SAC À POISSON

INGRÉDIENTS

500 g d'arêtes ou de têtes de poisson blanc

1 dl de vin blanc

1 brin de persil

1 poireau

½ petit oignon

5 grains de poivre

TRAITEMENT

Mettre tous les ingrédients dans une casserole et couvrir d'1 litre d'eau froide. Faire bouillir à feu moyen pendant 20 minutes sans cesser de mousser.

Filtrez, changez de récipient et conservez rapidement au réfrigérateur.

ROND

Ne pas saler avant utilisation, car il est plus susceptible de se gâter. C'est la base des sauces, des plats de riz, des soupes, etc.

SAUCE ALLEMANDE

INGRÉDIENTS

35 g de beurre

35 g de farine

2 jaunes d'œufs

½ litre de bouillon (poisson, viande, volaille, etc.)

sel

TRAITEMENT

Faire revenir la farine dans le beurre à feu doux pendant 5 minutes. Ajouter le bouillon d'un coup et cuire à feu moyen encore 15 minutes en remuant constamment. Assaisonnez avec du sel.

Retirer du feu et, sans cesser de battre, ajouter les jaunes d'œufs.

ROND

Ne pas trop chauffer pour ne pas faire coaguler les jaunes.

SAUCE COURAGEUSE

INGRÉDIENTS

750 g de tomates cerises frites

1 petit verre de vin blanc

3 cuillères à soupe de vinaigre

10 amandes crues

10 poivrons

5 tranches de pain

3 gousses d'ail

1 oignon

sucre

Huile d'olive

sel

TRAITEMENT

Faire dorer l'ail entier dans une poêle. Retirer et réserver. Faire dorer les amandes dans la même huile. Retirer et réserver. Faites frire le pain dans la même poêle. Retirer et réserver.

Faire revenir l'oignon coupé en julienne avec les poivrons dans la même huile. Quand il est bouilli, mouillez-le avec le vinaigre et le verre de vin. Laisser réduire 3 minutes à feu vif.

Ajouter la tomate, l'ail, les amandes et le pain. Cuire pendant 5 minutes, remuer et, si nécessaire, ajouter du sel et du sucre.

ROND

Peut être congelé dans des bacs à glaçons individuels et utilisé uniquement en cas de besoin.

BOUILLON NOIR (POULET OU BOEUF)

INGRÉDIENTS

5 kg d'os de boeuf ou de poulet

500 g de tomates

250 g de carottes

250 g de poireaux

125 g d'oignons

½ litre de vin rouge

5 litres d'eau froide

1 brin de pieux

3 feuilles de laurier

2 branches de thym

2 brins de romarin

15 grains de poivre

TRAITEMENT

Cuire les os à 185°C jusqu'à ce qu'ils soient légèrement grillés. Ajouter les légumes nettoyés et coupés en morceaux moyens dans la même poêle. Faire dorer les légumes.

Placer les os et les légumes dans une grande marmite. Ajouter le vin et les herbes, puis ajouter l'eau. Cuire 6 heures à feu doux en écumant de temps en temps. Filtrez et laissez refroidir.

ROND

Il est à la base de nombreuses sauces, ragoûts, risottos, soupes, etc. Une fois le bouillon froid, la graisse reste solidifiée sur le dessus. Cela facilite son retrait.

PICON MOJO

INGRÉDIENTS

8 cuillères à soupe de vinaigre

2 cuillères à café de graines de cumin

2 cuillères à café de paprika doux

2 têtes d'ail

3 piments de Cayenne

30 cuillères à soupe d'huile

de gros sel

TRAITEMENT

Piler tous les ingrédients solides, sauf le paprika, dans un mortier pour obtenir une pâte.

Ajouter le paprika et continuer la purée. Ajouter progressivement les liquides jusqu'à l'obtention d'une sauce onctueuse et émulsionnée.

ROND

Idéal pour accompagner les fameuses pommes de terre ridées et aussi pour les poissons grillés.

SAUCE PESTO

INGRÉDIENTS

100 g de pignons de pin

100 g de parmesan

1 bouquet de basilic frais

1 gousse d'ail

huile d'olive douce

TRAITEMENT

Piler tous les ingrédients sans les laisser bien homogènes pour remarquer le croquant des pignons de pin.

ROND

Vous pouvez remplacer les pignons de pin par des noix et le basilic par de la roquette fraîche. A l'origine, il est réalisé au mortier.

SAUCE AIGRE DOUCE

INGRÉDIENTS

100 g de sucre

100 ml de vinaigre

50 ml de sauce soja

Zest de 1 citron

Le zeste d'1 orange

TRAITEMENT

Cuire le sucre, le vinaigre, la sauce soja et les zestes d'agrumes pendant 10 min. Laisser refroidir avant utilisation.

ROND

C'est l'accompagnement parfait des rouleaux de printemps.

MOJITOS VERTS

INGRÉDIENTS

8 cuillères à soupe de vinaigre

2 cuillères à café de graines de cumin

4 boules de poivre vert

2 têtes d'ail

1 bouquet de persil ou de coriandre

30 cuillères à soupe d'huile

de gros sel

TRAITEMENT

Mélanger tous les solides ensemble jusqu'à ce qu'il forme une pâte.

Ajouter progressivement les liquides jusqu'à l'obtention d'une sauce onctueuse et émulsionnée.

ROND

Il se conserve sans problème recouvert d'un film plastique, réfrigéré au réfrigérateur pendant quelques jours.

SAUCE BESAMMELLA

INGRÉDIENTS

85 g de beurre

85 g de farine

1 litre de lait

Noix de muscade

Sel et poivre

TRAITEMENT

Faire fondre le beurre dans une casserole, ajouter la farine et cuire à feu doux pendant 10 minutes en remuant constamment.

Ajouter le lait d'un coup et cuire encore 20 minutes. Continuez à mélanger. Assaisonner de sel, poivre et noix de muscade.

ROND

Pour éviter la formation de grumeaux, faites cuire la farine avec le beurre à feu doux et continuez de battre jusqu'à ce que le mélange devienne presque liquide.

CHASSEUR DE SAUCES

INGRÉDIENTS

200 g de champignons

200 g de sauce tomate

125 g de beurre

½ litre de bouillon de viande

¼ de litre de vin blanc

1 cuillère à soupe de farine

1 oignon nouveau

Sel et poivre

TRAITEMENT

Faire revenir la ciboulette finement ciselée dans le beurre à feu moyen pendant 5 minutes.

Ajouter les champignons nettoyés et coupés en quatre et augmenter le feu. Cuire encore 5 minutes jusqu'à ce qu'ils n'aient plus d'eau. Ajouter la farine et cuire encore 5 minutes en remuant constamment.

Mouiller avec le vin et laisser évaporer. Ajouter la sauce tomate et le bouillon de boeuf. Cuire encore 5 minutes.

ROND

Conservez au réfrigérateur et étalez dessus un léger film de beurre afin qu'une croûte ne se forme pas à la surface.

SAUCE AÏOLI

INGRÉDIENTS

6 gousses d'ail

Le vinaigre

½ litre d'huile d'olive légère

sel

TRAITEMENT

Écrasez l'ail avec le sel dans un mortier jusqu'à obtenir une pâte.

Ajouter progressivement l'huile en remuant constamment avec le pilon jusqu'à l'obtention d'une sauce épaisse. Ajouter un filet de vinaigre à la sauce.

ROND

Si vous ajoutez 1 jaune d'œuf lorsque vous écrasez l'ail, il est plus facile de préparer la sauce.

SAUCE AMERICAINE

INGRÉDIENTS

150 g de crevettes

250 g de crevettes et carcasses et têtes de crevettes

250 g de tomates mûres

250 g d'oignon

100 g de beurre

50 g de carottes

50 g de poireau

½ litre de bouillon de poisson

1 dl de vin blanc

½ dl de cognac

1 cuillère à soupe de farine

1 cuillère à café rase de paprika fort

1 brin de thym

sel

TRAITEMENT

Faire bouillir les légumes, sauf les tomates, coupés en petits morceaux dans du beurre. Faire revenir ensuite le paprika et la farine.

Faire sauter les crabes et les têtes du reste des coquillages et flamber au cognac. Réserver les queues de crabe et broyer les carcasses avec le bouillon. Filtrer 2 ou 3 fois jusqu'à ce qu'il n'y ait plus de coquille.

Ajouter le bouillon, le vin, les tomates en quartiers et le thym aux légumes. Cuire 40 minutes, écraser et saler.

ROND

Sauce parfaite pour les poivrons farcis, la lotte ou le pâté de poisson.

SAUCE LEVER DU SOLEIL

INGRÉDIENTS

45 g de beurre

½ l de sauce veloutée (voir rubrique Bouillons et sauces)

3 cuillères à soupe de sauce tomate

TRAITEMENT

Faire bouillir la sauce veloutée, ajouter les cuillères de tomates et battre au fouet.

Retirer du feu, ajouter le beurre et continuer à remuer jusqu'à ce qu'il soit bien mélangé.

ROND

Utilisez cette sauce pour accompagner les œufs farcis.

SAUCE BARBECUE

INGRÉDIENTS

1 canette de coca

1 tasse de sauce tomate

1 tasse de ketchup

½ tasse de vinaigre

1 cuillère à café d'origan

1 cuillère à café de thym

1 cuillère à café de cumin

1 gousse d'ail

1 piment de cayenne concassé

½ oignon

Huile d'olive

Sel et poivre

TRAITEMENT

Couper l'oignon et l'ail en petits morceaux et les faire revenir dans un peu d'huile. Lorsqu'ils sont tendres, ajouter la tomate, le ketchup et le vinaigre.

Cuire 3 min. Ajouter le piment de Cayenne et les épices. Remuer, verser le Coca-Cola et cuire jusqu'à ce qu'il reste une consistance épaisse.

ROND

C'est une sauce parfaite pour les ailes de poulet. Peut être congelé dans des bacs à glaçons individuels et utilisé uniquement en cas de besoin.

SAUCE BERNOISE

INGRÉDIENTS

250 g de beurre clarifié

1 dl de vinaigre d'estragon

1 dl de vin blanc

3 jaunes d'œufs

1 échalote (ou ½ petite ciboule)

Estragon

Sel et poivre

TRAITEMENT

Faire chauffer l'échalote hachée dans une casserole avec le vinaigre et le vin. Réduire à environ 1 cuillère à soupe.

Fouetter les jaunes salés au bain-marie. Ajouter la réduction de vin et de vinaigre plus 2 cuillères à soupe d'eau froide jusqu'à ce qu'elle double.

Ajouter progressivement le beurre fondu aux jaunes en continuant de battre. Ajouter un peu d'estragon haché et réserver au bain-marie à 50°C maximum.

ROND

Il est important de conserver cette sauce au bain-marie à feu doux pour qu'elle ne fige pas.

SAUCE CARBONARA

INGRÉDIENTS

200 g de lard

200 g de crème

150 g de parmesan

1 oignon moyen

3 jaunes d'œufs

Sel et poivre

TRAITEMENT

Faire revenir l'oignon coupé en dés. Lorsqu'il est doré, ajouter le lard coupé en lanières et laisser sur le feu jusqu'à ce qu'il soit doré.

Verser ensuite la crème, saler et poivrer et laisser mijoter 20 minutes.

Une fois hors du feu, ajouter le fromage râpé, les jaunes d'œufs et mélanger.

ROND

S'il vous reste des restes pour une autre occasion, une fois réchauffés, faites-le à feu doux et pas trop longtemps pour que l'œuf ne fige pas.

SAUCE CHARCUTERA

INGRÉDIENTS

200 g d'oignon de printemps

100 g de cornichons

100 g de beurre

½ litre de bouillon de viande

125cl de vin blanc

125cl de vinaigre

1 cuillère à soupe de moutarde

1 cuillère à soupe de farine

Sel et poivre

TRAITEMENT

Faire revenir l'oignon haché dans le beurre. Ajouter la farine et cuire doucement pendant 5 min.

Monter le feu et verser le vin et le vinaigre et faire réduire de moitié en remuant constamment.

Ajouter le bouillon, les cornichons coupés en julienne et cuire encore 5 minutes. Retirer du feu et ajouter la moutarde. Saison.

ROND

Cette sauce est idéale pour les viandes grasses.

SAUCE CUMBERLAND

INGRÉDIENTS

150 g de confiture de groseille

½ dl de porto

1 tasse de bouillon de viande brune (voir la section Bouillons et sauces)

1 cuillère à café de gingembre en poudre

1 cuillère à soupe de moutarde

1 échalote

½ zeste d'orange

½ zeste de citron

½ jus d'orange

jus de ½ citron

Sel et poivre

TRAITEMENT

Couper en julienne les zestes d'orange et de citron. Cuire à l'eau froide et faire bouillir 10 s. Répétez l'opération deux fois. Égoutter et refroidir.

Hacher finement l'échalote et cuire 1 minute en remuant constamment avec la confiture de groseilles, le porto, le bouillon, le zeste et le jus d'agrumes, la moutarde, le gingembre, le sel et le poivre. Laisser refroidir.

ROND

C'est un condiment parfait pour accompagner les pâtés ou les plats de gibier.

SAUCE AU CURRY

INGRÉDIENTS

200 g d'oignon

2 cuillères à soupe de farine

2 cuillères de curry

3 gousses d'ail

2 grosses tomates

1 brin de thym

1 feuille de laurier

1 bouteille de lait de coco

1 pomme

1 banane

Huile d'olive

sel

TRAITEMENT

Faire revenir l'oignon et l'ail hachés dans l'huile. Ajouter le curry et cuire 3 min. Ajouter la farine et cuire encore 5 minutes en remuant constamment.

Ajouter les tomates en quartiers, les herbes et le lait de coco. Cuire 30 minutes à feu doux. Ajouter la pomme et la banane pelées et coupées en dés et cuire encore 5 minutes. Moudre, filtrer et rectifier le sel.

ROND

Pour rendre cette sauce moins calorique, réduire de moitié le lait de coco et le remplacer par du bouillon de poulet.

SAUCE À L'AIL

INGRÉDIENTS

250 ml de crème

10 gousses d'ail

Sel et poivre

TRAITEMENT

Blanchir l'ail 3 fois à l'eau froide. Porter à ébullition, égoutter et porter l'eau froide à ébullition. Répétez cette opération 3 fois.

Une fois blanchis, faites-les cuire 25 minutes en même temps que la crème. Enfin, assaisonnez de sel et de poivre.

ROND

Toutes les crèmes ne sont pas identiques. Si elle est trop épaisse, ajoutez un peu de crème et laissez cuire encore 5 minutes. Si, au contraire, il est très liquide, faites cuire plus longtemps. C'est parfait pour les poissons.

SIMPLEMENT SAUCE

INGRÉDIENTS

200 g de mûres

25 g de sucre

250 ml de sauce espagnole (voir rubrique Bouillons et sauces)

100 ml de vin doux

2 cuillères à soupe de vinaigre

1 cuillère à soupe de beurre

Sel et poivre

TRAITEMENT

Faire un caramel avec le sucre à feu doux. Ajouter le vinaigre, le vin, les mûres et cuire 15 minutes.

Verser la sauce espagnole. Salez et poivrez, mélangez, filtrez et portez à ébullition avec le beurre.

ROND

C'est un assaisonnement parfait pour le gibier.

SAUCE AU CIDRE

INGRÉDIENTS

250 ml de crème

1 bouteille de cidre

1 courgette

1 carotte

1 poireau

sel

TRAITEMENT

Coupez les légumes en bâtonnets et faites-les dorer 3 minutes à feu vif. Verser le cidre et laisser réduire 5 minutes.

Ajouter la crème, le sel et cuire encore 15 minutes.

ROND

Il accompagnera parfaitement une échine de daurade grillée ou une tranche de saumon.

SAUCE TOMATE

INGRÉDIENTS

1 ½ kg de tomates mûres

250 g d'oignon

1 verre de vin blanc

1 os de jambon

2 gousses d'ail

1 grosse carotte

Thym frais

romarin frais

Sucre (facultatif)

sel

TRAITEMENT

Coupez l'oignon, l'ail et la carotte en julienne et faites revenir à feu moyen. Lorsque les légumes sont tendres, ajouter l'os et déglacer avec le vin. Allumez le feu.

Ajouter les tomates en quartiers et les herbes. Cuire 30 mn.

Retirer l'os et les herbes. Concassez, égouttez et ajustez le sel et le sucre si nécessaire.

ROND

Congelez dans des bacs à glaçons individuels pour toujours avoir sous la main une délicieuse sauce tomate maison.

SAUCE AU VIN PEDRO XIMENEZ

INGRÉDIENTS

35 g de beurre

250 ml de sauce espagnole (voir rubrique Bouillons et sauces)

75 ml de vin Pedro Ximenez

Sel et poivre

TRAITEMENT

Faire chauffer le vin 5 minutes à feu moyen. Ajouter la sauce espagnole et cuire encore 5 minutes.

Pour épaissir et donner de la brillance, éteignez le feu et incorporez le beurre froid coupé en cubes. Saison.

ROND

Il peut être fait avec n'importe quel vin doux, comme le porto.

SAUCE À LA CRÈME

INGRÉDIENTS

½ l de béchamel (voir chapitre Bouillons et sauces)

200cl de crème

jus de ½ citron

TRAITEMENT

Faire bouillir la béchamel et ajouter la crème. Cuire jusqu'à obtention d'environ 400 cl de sauce.

Une fois hors du feu, ajouter le jus de citron.

ROND

Idéal pour gratiner, pour assaisonner les poissons et les œufs farcis.

MAYONNAISE MAYONNAISE

INGRÉDIENTS

2 oeufs

jus de ½ citron

½ litre d'huile d'olive légère

Sel et poivre

TRAITEMENT

Mettre les œufs et le jus de citron dans un verre à mélange.

Battre au batteur 5 en ajoutant progressivement l'huile sans arrêter de battre. Assaisonnez avec du sel et du poivre.

ROND

Pour qu'il ne coupe pas lors de l'écrasement, ajoutez 1 cuillère à soupe d'eau chaude dans le verre du blender avec le reste des ingrédients.

SAUCE AU YOGOURT ET À L'ANETH

INGRÉDIENTS

20 g d'oignon

75 ml de sauce mayonnaise (voir section bouillons et sauces)

1 cuillère à soupe de miel

2 yaourts

Aneth

sel

TRAITEMENT

Mélanger tous les ingrédients, sauf l'aneth, jusqu'à obtenir une sauce onctueuse.

Hacher finement l'aneth et l'ajouter à la sauce. Retirer et rectifier le sel.

ROND

Il est parfait pour accompagner des pommes de terre rôties ou de la viande d'agneau.

SAUCE DU DIABLE

INGRÉDIENTS

100 g de beurre

½ litre de bouillon de viande

3 dl de vin blanc

1 oignon nouveau

2 poivrons

sel

TRAITEMENT

Coupez l'oignon en petits morceaux et laissez-le sécher à haute température. Ajouter le piment, déglacer avec le vin et réduire de moitié son volume.

Verser le bouillon, cuire encore 5 minutes et assaisonner de sel et d'épices.

Ajouter le beurre très froid hors du feu et mélanger au fouet jusqu'à ce que le mélange soit épais et brillant.

ROND

Cette sauce peut également être réalisée avec du vin doux. Le résultat est exquis.

SAUCE ESPAGNOLE

INGRÉDIENTS

30 g de beurre

30 g de farine

1 litre de bouillon de boeuf (réduit)

Sel et poivre

TRAITEMENT

Faire revenir la farine dans le beurre jusqu'à ce qu'elle prenne une teinte légèrement grillée.

Verser le bouillon bouillant en remuant constamment. Cuire 5 minutes et assaisonner de sel et de poivre.

ROND

Cette sauce est la base de nombreuses préparations. C'est ce qu'on appelle la sauce de base en cuisine.

SAUCE HOLLANDAISE

INGRÉDIENTS

250 g de beurre

3 jaunes d'œufs

¼ de jus de citron

Sel et poivre

TRAITEMENT

Faire fondre le beurre.

Fouettez les jaunes d'œufs au bain-marie avec un peu de sel, de poivre et de jus de citron plus 2 cuillères à soupe d'eau froide jusqu'à ce qu'ils aient doublé de volume.

Ajouter progressivement le beurre fondu aux jaunes en continuant de battre. Maintenir le bain-marie à une température maximale de 50°C.

ROND

Cette sauce est spectaculaire pour accompagner des pommes de terre au four avec du saumon fumé sur le dessus.

ASSAISONNEMENT ITALIEN

INGRÉDIENTS

125 g de sauce tomate

100 g de champignons

50 g de jambon d'York

50 g d'oignon de printemps

45 g de beurre

125 ml de sauce espagnole (voir rubrique Bouillons et sauces)

90 ml de vin blanc

1 brin de thym

1 brin de romarin

Sel et poivre

TRAITEMENT

Hacher finement l'oignon et le faire revenir dans le beurre. Quand ils sont tendres, augmentez le feu et ajoutez les champignons épluchés et nettoyés. Ajouter les dés de jambon cuit.

Ajouter le vin et les herbes et laisser réduire complètement.

Ajouter la sauce espagnole et la sauce tomate. Cuire 10 minutes et assaisonner de sel et de poivre.

ROND

Parfait pour les pâtes et les œufs durs.

SAUCE MOUSSELINE

INGRÉDIENTS

250 g de beurre

85 ml de chantilly

3 jaunes d'œufs

¼ de jus de citron

Sel et poivre

TRAITEMENT

Faire fondre le beurre.

Fouettez les jaunes d'œufs au bain-marie avec un peu de sel, de poivre et de jus de citron. Ajouter 2 cuillères à soupe d'eau froide jusqu'à ce qu'elle double de volume. Ajouter progressivement le beurre aux jaunes en continuant de battre.

Juste avant de servir, fouetter la crème et l'ajouter au mélange précédent avec des mouvements doux et enveloppants.

ROND

Maintenir le bain-marie à une température maximale de 50°C. Il est parfait pour les gratins de saumon, les couteaux, les asperges, etc.

SAUCE RÉMOULADE

INGRÉDIENTS

250 g de sauce mayonnaise (voir rubrique Bouillons et sauces)

50 g de cornichons

50 g de câpres

10 g d'anchois

1 cuillère à café de persil frais haché

TRAITEMENT

Broyer les anchois dans un mortier jusqu'à ce qu'ils soient écrasés. Couper les câpres et les cornichons en très petits morceaux. Ajouter le reste des ingrédients et mélanger.

ROND

Idéal pour certains œufs farcis.

SAUCE BIZCAINE

INGRÉDIENTS

500 g d'oignons

400 g de tomates fraîches

25 g de pain

3 gousses d'ail

4 chorizo ou piments ñora

Sucre (facultatif)

Huile d'olive

sel

TRAITEMENT

Faire tremper les ñoras pour enlever la chair.

Coupez l'oignon et l'ail en julienne et faites-les dorer à feu moyen dans une casserole couverte pendant 25 minutes.

Ajouter le pain et les tomates cerises coupées en dés et poursuivre la cuisson encore 10 minutes. Ajouter la carne de ñoras et cuire encore 10 minutes.

Concassez et ajustez le sel et le sucre si nécessaire.

ROND

Bien qu'inhabituelle, c'est une excellente sauce à faire avec des spaghettis.

SAUCE ROUGE

INGRÉDIENTS

2 gousses d'ail

1 grosse tomate

1 petit oignon

½ petit piment rouge

½ petit poivron vert

2 sachets d'encre de seiche

vin blanc

Huile d'olive

sel

TRAITEMENT

Coupez les légumes en petits morceaux et laissez-les sécher doucement pendant 30 minutes.

Ajouter la tomate râpée et cuire à feu moyen-vif jusqu'à ce qu'elle perde son eau. Augmentez le feu et ajoutez les poches d'encre et un peu de vin. Réduisons-le de moitié.

Mélanger, filtrer et saler.

ROND

Si un peu plus d'encre est ajoutée après le broyage, la sauce sera plus brillante.

SAUCE MORNAY

INGRÉDIENTS

75 g de parmesan

75 g de beurre

75 g de farine

1 litre de lait

2 jaunes d'œufs

Noix de muscade

Sel et poivre

TRAITEMENT

Faire fondre le beurre dans une poêle. Ajouter la farine et cuire à feu doux pendant 10 minutes en remuant constamment.

Verser le lait d'un seul coup et cuire encore 20 minutes en remuant constamment.

Ajouter les jaunes d'œufs et le fromage hors du feu et continuer à mélanger. Assaisonner de sel, poivre et noix de muscade.

ROND

C'est une sauce à gratin parfaite. Tout type de fromage peut être utilisé.

SAUCE ROMASCO

INGRÉDIENTS

100 g de vinaigre

80 g d'amandes grillées

½ cuillère à café de paprika doux

2 ou 3 tomates mûres

2 poivrons

1 petite tranche de pain grillé

1 tête d'ail

1 piment

250 g d'huile d'olive extra vierge

sel

TRAITEMENT

Hydrater les ñoras dans de l'eau tiède pendant 30 min. Retirez sa pulpe et gardez-la de côté.

Préchauffer le four à 200°C et rôtir les tomates et la tête d'ail (les tomates mettent environ 15 à 20 minutes et l'ail un peu moins).

Une fois grillées, nettoyez la peau et les pépins des tomates et retirez l'ail un à un. Placer dans un verre à mélange avec les amandes, le pain grillé, la viande de ñora, l'huile et le vinaigre. Battez bien.

Ajoutez ensuite le paprika doux et une pincée de poivron rouge. Battre à nouveau et assaisonner de sel.

ROND

Ne pas trop moudre la sauce.

SAUCE SOUBISE

INGRÉDIENTS

100 g de beurre

85 g de farine

1 litre de lait

1 oignon

Noix de muscade

Sel et poivre

TRAITEMENT

Faites fondre le beurre dans une casserole et faites cuire lentement l'oignon coupé en lamelles pendant 25 minutes. Ajouter la farine et cuire encore 10 minutes en remuant constamment.

Verser le lait d'un seul coup et cuire encore 20 minutes à feu doux en remuant constamment. Assaisonner de sel, poivre et noix de muscade.

ROND

Il peut être servi tel quel ou en purée. Il est parfait pour les cannellonis.

SAUCE TARTARE

INGRÉDIENTS

250 g de sauce mayonnaise (voir rubrique Bouillons et sauces)

20 g d'oignon de printemps

1 cuillère à soupe de câpres

1 cuillère à soupe de persil frais

1 cuillère à soupe de moutarde

1 concombre mariné

1 œuf à la coque

sel

TRAITEMENT

Hacher finement la ciboulette, les câpres, le persil, le cornichon et l'œuf dur.

Mélangez le tout et ajoutez la mayonnaise et la moutarde. Mettez une pincée de sel.

ROND

Il accompagne parfaitement les poissons et charcuteries.

SAUCE CARAMEL

INGRÉDIENTS

150 g) sucre

70 g de beurre

300 ml de crème

TRAITEMENT

Faire un caramel avec le beurre et le sucre, sans jamais mélanger.

Lorsque le caramel est cuit, retirer du feu et ajouter la crème. Cuire 2 minutes à feu vif.

ROND

Le caramel peut être aromatisé en ajoutant 1 brin de romarin.

POTAGE

INGRÉDIENTS

250 g de carottes

250 g de poireaux

250 g de tomates

150 g d'oignon

150 g de navet

100 g de céleri

sel

TRAITEMENT

Lavez bien les légumes et coupez-les en morceaux réguliers. Mettre dans une casserole et couvrir d'eau froide.

Cuire à feu doux pendant 2 heures. Filtrer et saler.

ROND

Les légumes utilisés peuvent servir à faire une bonne crème. Cuisinez toujours sans couvercle, afin que lorsque l'eau s'évapore, les saveurs se concentrent mieux.

SAUCE VELOUTÉE

INGRÉDIENTS

35 g de beurre

35 g de farine

½ litre de bouillon (poisson, viande, volaille, etc.)

sel

TRAITEMENT

Faire dorer doucement la farine dans le beurre pendant 5 minutes.

Ajouter le bouillon d'un coup et cuire à feu moyen en remuant constamment. Mettez une pincée de sel.

ROND

Il sert de base à de nombreuses autres sauces.

VINAIGRETTE SAUCE

INGRÉDIENTS

4 cuillères à soupe de vinaigre

1 petit oignon

1 grosse tomate

½ poivron rouge

½ poivron vert

12 cuillères à soupe d'huile d'olive

sel

TRAITEMENT

Couper la tomate, les poivrons et l'oignon en très petits morceaux.

Mélanger le tout et ajouter l'huile, le vinaigre et le sel.

ROND

Idéal pour les moules en sauce ou les pommes de terre au thon.

FRUITS ROUGES AU VIN DOUX A LA MENTHE

INGRÉDIENTS

550 g de fruits rouges

50 g de sucre

2 dl de vin doux

5 feuilles de menthe

TRAITEMENT

Cuire les fruits rouges, le sucre, le vin doux et les feuilles de menthe dans une casserole pendant 20 minutes.

Laisser reposer dans le même récipient jusqu'à refroidissement et servir dans des bols individuels.

ROND

Concassez et servez avec de la glace et quelques biscuits au chocolat.

ROND

Mieux vaut le manger froid. Déposer dessus quelques morceaux de fruits confits avant la cuisson. Le résultat est fantastique.

BAGUETTES DE POULET AU WHISKY

INGRÉDIENTS

12 cuisses de poulet

200 ml de crème

150 ml de whisky

100 ml de bouillon de poulet

3 jaunes d'œufs

1 oignon nouveau

Farine régulière

Huile d'olive

Sel et poivre

TRAITEMENT

Assaisonner, fariner et dorer les cuisses de poulet. Retirer et réserver.

Faire revenir l'oignon finement haché dans la même huile pendant 5 minutes. Ajouter le whisky et flamber (le bouchon doit être enlevé). Verser la crème et le bouillon. Ajouter le dos de poulet et cuire 20 minutes à feu doux.

Hors du feu, ajouter les jaunes d'œufs et mélanger délicatement pour que la sauce épaississe légèrement. Assaisonner de sel et de poivre si nécessaire.

ROND

Le whisky peut être remplacé par la boisson alcoolisée que nous aimons le plus.

CANARD RÔTI

INGRÉDIENTS

1 canard propre

1 litre de bouillon de poulet

4 dl de sauce soja

3 cuillères de miel

2 gousses d'ail

1 petit oignon

1 cayenne

gingembre frais

Huile d'olive

Sel et poivre

TRAITEMENT

Dans un bol, mélanger le bouillon de poulet, les graines de soja, l'ail râpé, le piment de Cayenne et l'oignon finement haché, le miel, un morceau de gingembre râpé et le poivre. Faire mariner le canard dans ce mélange pendant 1 heure.

Retirer de la marinade et déposer sur une plaque à pâtisserie avec la moitié du liquide de la marinade. Cuire à 200°C pendant 10 minutes de chaque côté. Humidifiez constamment avec une brosse.

Baisser le four à 180 ºC et cuire encore 18 minutes de chaque côté (continuer à peindre toutes les 5 minutes au pinceau).

Retirer et réserver le canard et laisser réduire la sauce de moitié dans une casserole à feu moyen.

ROND

Faites d'abord cuire le poulet côté poitrine vers le bas, cela le rendra moins sec et plus juteux.

POITRINE DE POULET VILLAROY

INGRÉDIENTS

1 kg de blancs de poulet

2 carottes

2 branches de céleri

1 oignon

1 poireau

1 navet

Farine, œuf et chapelure (pour enrober)

Pour la béchamel

1 litre de lait

100 g de beurre

100 g de farine

Noix de muscade

Sel et poivre

TRAITEMENT

Cuire tous les légumes nettoyés dans 2 litres d'eau (froide) pendant 45 min.

Pendant ce temps, préparez une sauce béchamel en faisant dorer la farine dans le beurre à feu moyen-doux pendant 5 minutes. Ajoutez ensuite le lait et mélangez. Saler et ajouter la noix de muscade. Cuire 10 minutes à feu doux sans arrêter de battre.

Filtrez le bouillon et faites cuire les magrets de canard (entiers ou en filets) pendant 15 minutes. Égouttez-les et laissez-les refroidir. Bien enrober les poitrines de sauce béchamel et réserver au réfrigérateur. Une fois froid, recouvrez-le de farine, puis d'œuf et enfin de chapelure. Frire dans beaucoup d'huile et servir bien chaud.

ROND

Vous pouvez utiliser le bouillon et la purée de légumes pour faire une délicieuse crème.

POITRINE DE POULET SAUCE CITRON MOUTARDE

INGRÉDIENTS

4 poitrines de poulet

250 ml de crème

3 cuillères à soupe de cognac

3 cuillères à soupe de moutarde

1 cuillère à soupe de farine

2 gousses d'ail

1 citron

½ oignon nouveau

Huile d'olive

Sel et poivre

TRAITEMENT

Assaisonner et dorer les poitrines coupées en morceaux réguliers avec un filet d'huile. Reserver.

Faire revenir l'oignon et l'ail finement hachés dans la même huile. Ajouter la farine et cuire 1 min. Ajouter le cognac jusqu'à évaporation et verser la crème, 3 cuillères à soupe de jus de citron et son zeste, la moutarde et le sel. Cuire la sauce pendant 5 minutes.

Ajouter le dos de poulet et cuire à feu doux encore 5 minutes.

ROND

Râpez d'abord le citron avant d'en extraire le jus. Pour économiser de l'argent, il peut également être préparé avec du poulet haché au lieu de la poitrine.

PINTADA RÔTIE AUX PRUNEAUX ET CHAMPIGNONS

INGRÉDIENTS

1 peinture

250 g de champignons

Apportez 200ml

¼ litre de bouillon de poulet

15 pruneaux dénoyautés

1 gousse d'ail

1 cuillère à café de farine

Huile d'olive

Sel et poivre

TRAITEMENT

Saler et poivrer et rôtir la pintade aux pruneaux pendant 40 minutes à 175 ºC. Retournez-le à mi-cuisson. Après le temps, retirez et conservez les jus.

Faire revenir 2 cuillères à soupe d'huile et la farine dans une casserole pendant 1 minute. Arroser de vin et faire réduire de moitié. Verser dessus la sauce du rôti et le bouillon. Cuire 5 minutes sans remuer.

A part, dorer les champignons avec un peu d'ail haché, les ajouter à la sauce et porter à ébullition. Servir la pintade avec la sauce.

ROND

Pour les grandes occasions vous pouvez garnir la pintade de pomme, foie gras, viande hachée, fruits secs.

 AVES

POITRINE DE POULET VILLAROY FARCIE DE PIQUILLOS CARAMÉLISÉS AU VINAIGRE DE MODÈNE

INGRÉDIENTS

4 filets de poitrine de poulet

100 g de beurre

100 g de farine

1 litre de lait

1 boîte de piments piquillos

1 verre de vinaigre de Modène

½ verre de sucre

Noix de muscade

Oeuf et chapelure (pour enrober)

Huile d'olive

Sel et poivre

TRAITEMENT

Faire revenir le beurre et la farine 10 minutes à feu doux. Versez ensuite le lait et laissez cuire 20 minutes en remuant constamment. Saler et ajouter la noix de muscade. Laisser refroidir.

Pendant ce temps, caraméliser les poivrons avec le vinaigre et le sucre jusqu'à ce que le vinaigre commence (commence tout juste) à épaissir.

Assaisonner les filets et farcir avec le piquillo. Enveloppez les magrets de canard dans un film transparent comme s'il s'agissait de bonbons très fermes, fermez et faites cuire 15 minutes dans l'eau.

Une fois cuites, badigeonnez toutes les faces de sauce béchamel et passez-les dans l'œuf battu et la chapelure. Frire dans beaucoup d'huile.

ROND

Si vous ajoutez quelques cuillerées de curry en sautant la farine pour la béchamel, le résultat est différent et très riche.

POITRINE DE POULET FARCIE A LA Pancetta, CHAMPIGNONS ET FROMAGE

INGRÉDIENTS

4 filets de poitrine de poulet

100 g de champignons

4 tranches de bacon fumé

2 cuillères à soupe de moutarde

6 cuillères à soupe de crème

1 oignon

1 gousse d'ail

fromage en tranches

Huile d'olive

Sel et poivre

TRAITEMENT

Assaisonner les filets de poulet. Nettoyez et coupez les champignons en quartiers.

Faire dorer les lardons et faire dorer les champignons émincés avec l'ail à feu vif.

Garnir les filets de bacon, de fromage et de champignons, et les sceller parfaitement avec un film transparent comme s'il s'agissait de desserts. Cuire 10 minutes dans de l'eau bouillante. Retirez le film et le filet.

D'autre part, faire dorer l'oignon coupé en petits morceaux, ajouter la crème et la moutarde, cuire 2 minutes et mélanger. Sauce sur le poulet

ROND

Le film alimentaire résiste aux hautes températures et n'ajoute pas de saveur aux aliments.

POULET AU VIN DOUX AUX PRUNEAUX

INGRÉDIENTS

1 gros poulet

100 g de pruneaux dénoyautés

½ litre de bouillon de poulet

½ bouteille de vin doux

1 oignon nouveau

2 carottes

1 gousse d'ail

1 cuillère à soupe de farine

Huile d'olive

Sel et poivre

TRAITEMENT

Assaisonnez et faites dorer les morceaux de poulet dans une poêle chaude avec l'huile. Sortez et réservez.

Dans la même huile, dorer l'oignon, l'ail et les carottes finement hachées. Lorsque les légumes sont bien pochés, ajoutez la farine et laissez cuire encore min.

Mouiller avec le vin de raisin et augmenter le feu jusqu'à ce qu'il soit presque complètement réduit. Versez le bouillon et ajoutez à nouveau le poulet et les pruneaux.

Cuire environ 15 minutes ou jusqu'à ce que le poulet soit tendre. Retirer le poulet et mixer la sauce. Assaisonnez-le de sel.

ROND

Si vous ajoutez un peu de beurre froid à la purée de sauce et que vous la battez avec un fouet, elle épaissira et brillera davantage.

POITRINE DE POULET ORANGE AUX NOIX DE CAJOU

INGRÉDIENTS

4 poitrines de poulet

75 g de noix de cajou

2 verres de jus d'orange frais

4 cuillères de miel

2 cuillères à soupe de Cointreau

Farine régulière

Huile d'olive

Sel et poivre

TRAITEMENT

Assaisonner et fariner les poitrines. Faites-les dorer dans l'huile abondante, retirez-les et gardez-les de côté.

Cuire le jus d'orange avec le Cointreau et le miel pendant 5 minutes. Ajouter les poitrines à la sauce et cuire à feu doux pendant 8 minutes.

Servir avec de la salsa et des noix de cajou sur le dessus.

ROND

Une autre façon de faire une bonne sauce à l'orange est de commencer par des bonbons pas trop foncés, auxquels on ajoute du jus d'orange naturel.

PERDRIX MARINÉE

INGRÉDIENTS

4 perdrix

300 g d'oignons

200 g de carottes

2 verres de vin blanc

1 tête d'ail

1 feuille de laurier

1 verre de vinaigre

1 verre d'huile

sel et 10 grains de poivre

TRAITEMENT

Assaisonnez et faites dorer les perdrix à feu vif. Retirer et réserver.

Dans la même huile, dorer les carottes et les oignons en julienne. Lorsque les légumes sont tendres, ajouter le vin, le vinaigre, les grains de poivre, le sel, l'ail et le laurier. Faire revenir 10 mn.

Remettre la perdrix et cuire à feu doux encore 10 minutes.

ROND

Pour que la viande ou le poisson marinés aient le plus de saveur, il est préférable qu'ils reposent au moins 24 heures.

CHASSEUR DE POULET

INGRÉDIENTS

1 poulet haché

50 g de champignons émincés

½ litre de bouillon de poulet

1 verre de vin blanc

4 tomates râpées

2 carottes

2 gousses d'ail

1 poireau

½ oignon

1 bouquet d'herbes (thym, romarin, laurier, etc.)

Huile d'olive

Sel et poivre

TRAITEMENT

Assaisonner et dorer le poulet dans une marmite avec un filet d'huile. Sortez et réservez.

Faire revenir les dés de carottes, l'ail, le poireau et l'oignon dans la même huile. Ajoutez ensuite la tomate râpée. Faire sauter jusqu'à ce que la tomate perde son eau. Remettre le poulet.

Séparément, faites dorer les champignons et ajoutez-les également au ragoût. Déglacer avec le verre de vin et laisser évaporer.

Mouiller avec le bouillon et ajouter les herbes aromatiques. Cuire jusqu'à ce que le poulet soit tendre. Assaisonnez avec du sel.

ROND

Ce plat peut aussi être fait avec de la dinde et même du lapin.

AILES DE POULET STYLE COCA COLA

INGRÉDIENTS

1 kg d'ailes de poulet

½ litre de coca

4 cuillères à soupe de cassonade

2 cuillères à soupe de sauce soja

1 cuillère à soupe bombée d'origan

½ citron

Sel et poivre

TRAITEMENT

Mettez le Coca-Cola, le sucre, le soja, l'origan et le jus de ½ citron dans une casserole et faites cuire 2 minutes.

Couper les ailes en deux et assaisonner de sel. Faites-les cuire à 160 ºC jusqu'à ce qu'ils prennent un peu de couleur. Ajoutez maintenant la moitié de la sauce et retournez les ailes. Retournez-les toutes les 20 minutes.

Lorsque la sauce est presque réduite, ajouter l'autre moitié et poursuivre la cuisson jusqu'à ce que la sauce épaississe.

ROND

L'ajout d'un brin de vanille lors de la préparation de la sauce rehausse sa saveur et lui donne une touche distinctive.

POULET À L'AIL

INGRÉDIENTS

1 poulet haché

8 gousses d'ail

1 verre de vin blanc

1 cuillère à soupe de farine

1 cayenne

Le vinaigre

Huile d'olive

Sel et poivre

TRAITEMENT

Assaisonnez le poulet et faites-le bien dorer. Réserver et laisser refroidir l'huile.

Couper les gousses d'ail en cubes et confire (cuire dans l'huile, ne pas faire frire) l'ail et le piment de Cayenne sans les colorer.

Mouiller dans le vin et réduire jusqu'à ce qu'il ait une certaine épaisseur, mais il ne sera pas sec.

Ajoutez ensuite le poulet et petit à petit la cuillère à café de farine sur le dessus. Remuer (vérifier si l'ail colle au poulet, sinon ajouter un peu de farine jusqu'à ce qu'il colle légèrement).

Couvrir et remuer de temps en temps. Cuire 20 minutes à feu doux. Complétez avec un peu de vinaigre et laissez cuire encore une minute.

ROND

Le poulet sauté est un incontournable. Il doit être très chaud pour qu'il reste doré à l'extérieur et juteux à l'intérieur.

CHILINDRON DE POULET

INGRÉDIENTS

1 petit poulet, haché

350 g de jambon serrano haché

1 boîte de 800 g de tomates pelées

1 gros poivron rouge

1 gros poivron vert

1 gros oignon

2 gousses d'ail

thym

1 verre de vin blanc ou rouge

sucre

Huile d'olive

Sel et poivre

TRAITEMENT

Assaisonnez le poulet et faites-le dorer à feu vif. Sortez et réservez.

Dans la même huile, dorer les poivrons, l'ail et l'oignon coupés en morceaux moyens. Lorsque les légumes sont dorés, ajouter le jambon et cuire encore 10 minutes.

Remettre le poulet et verser le vin. Réduire à feu vif pendant 5 minutes et ajouter la tomate et le thym. Baissez le feu et laissez cuire encore 30 minutes. Ajustez le sel et le sucre.

ROND

Cette même recette peut être réalisée avec des boulettes de viande. Il ne restera plus rien dans l'assiette !

MARINÉ AUX CAILLES ET FRUITS ROUGES

INGRÉDIENTS

4 cailles

150 g de fruits rouges

1 verre de vinaigre

2 verres de vin blanc

1 carotte

1 poireau

1 gousse d'ail

1 feuille de laurier

Farine régulière

1 verre d'huile

Sel et poivre en grains

TRAITEMENT

Fariner, assaisonner et faire dorer les cailles dans une casserole. Sortez et réservez.

Faire revenir la carotte et le poireau coupés en bâtonnets et l'ail émincé dans la même huile. Lorsque les légumes sont tendres, ajouter l'huile, le vinaigre et le vin.

Ajouter la feuille de laurier et le poivre. Saler et cuire 10 minutes avec les fruits rouges.

Ajouter les cailles et cuire encore 10 minutes jusqu'à ce qu'elles soient tendres. Laisser reposer, couvert, hors du feu.

ROND

Cette marinade, à la viande de caille, est une merveilleuse vinaigrette et accompagne une bonne salade de cœurs de laitue.

POULET AU CITRON

INGRÉDIENTS

1 poulet

30 g de sucre

25 g de beurre

1 litre de bouillon de poulet

1 dl de vin blanc

jus de 3 citrons

1 oignon

1 poireau

Huile d'olive

Sel et poivre

TRAITEMENT

Hacher et assaisonner le poulet. Faire dorer à feu vif et retirer.

Éplucher l'oignon et éplucher le poireau, coupé en julienne. Faire revenir les légumes dans la même huile que celle dans laquelle le poulet a été préparé. Arrosez de vin et laissez réduire.

Ajouter le jus de citron, le sucre et le bouillon. Cuire 5 min et retourner le poulet. Cuire à feu doux encore 30 minutes. Assaisonnez avec du sel et du poivre.

ROND

Pour que la sauce soit plus fine et sans morceaux de légumes, il est préférable de la réduire en purée.

POULET SAN JACOBO AVEC JAMBON SERRANO, GÂTEAU CASAR ET ROQUETTE

INGRÉDIENTS

8 filets de poulet fins

150 g de gâteau Casar

100 g de roquette

4 tranches de jambon serrano

Farine, œufs et céréales (pour la garniture)

Huile d'olive

Sel et poivre

TRAITEMENT

Assaisonner les filets de poulet et les tartiner de fromage. Déposez la roquette et le jambon serrano sur l'une d'elle et placez une autre dessus pour la refermer. Faites de même avec le reste.

Passez-les dans la farine, l'oeuf battu et les céréales concassées. Frire dans l'huile chaude abondante pendant 3 min.

ROND

Il peut être recouvert de pop-corn écrasé, de kiko et même de vers. Le résultat est très drôle.

CURRY DE POULET AU FOUR

INGRÉDIENTS

4 mégots de poulet (par personne)

1 litre de crème

1 ciboule ou oignon

2 cuillères de curry

4 yaourts nature

sel

TRAITEMENT

Couper l'oignon en petits morceaux et le mélanger dans un bol avec le yaourt, la crème et le curry. Assaisonnez avec du sel.

Faire quelques incisions dans le poulet et le faire mariner dans la sauce au yaourt pendant 24 heures.

Rôtir à 180°C pendant 90 minutes, retirer le poulet et servir avec la sauce fouettée.

ROND

S'il vous reste de la sauce, vous pouvez l'utiliser pour faire de délicieuses boulettes de viande.

POULET AU VIN ROUGE

INGRÉDIENTS

1 poulet haché

½ litre de vin rouge

1 brin de romarin

1 brin de thym

2 gousses d'ail

2 poireaux

1 poivron rouge

1 carotte

1 oignon

Bouillon de poulet

Farine régulière

Huile d'olive

Sel et poivre

TRAITEMENT

Assaisonner et dorer le poulet dans une poêle très chaude. Sortez et réservez.

Coupez les légumes en petits morceaux et faites-les frire dans la même huile dans laquelle le poulet a été frit.

Mouiller avec le vin, ajouter les herbes aromatiques et cuire environ 10 minutes à feu vif jusqu'à épaississement. Ajouter à nouveau le poulet et verser le bouillon jusqu'à ce qu'il soit couvert. Cuire encore 20 minutes ou jusqu'à ce que la viande soit tendre.

ROND

Si vous voulez une sauce plus fine sans morceaux, réduire en purée et égoutter.

POULET RÔTI À LA BIÈRE NOIRE

INGRÉDIENTS

4 cuisses de poulet

750 ml de bière brune

1 cuillère à soupe de cumin

1 brin de thym

1 brin de romarin

2 oignons

3 gousses d'ail

1 carotte

Sel et poivre

TRAITEMENT

Julienne l'oignon, la carotte et l'ail. Mettre le thym et le romarin au fond d'une casserole et disposer l'oignon, les carottes et l'ail dessus; puis les cuisses de poulet, côté peau, assaisonnées d'un trait de cumin. Rôtir à 175 ºC pendant environ 45 min.

Mouiller avec la bière au bout de 30 minutes, retourner le fond et cuire encore 45 minutes. Lorsque le poulet est rôti, retirez-le de la poêle et mixez la sauce.

ROND

Si 2 pommes tranchées et écrasées sont ajoutées au centre du rôti avec le reste de la sauce, la saveur est encore meilleure.

PERDRIX AU CHOCOLAT

INGRÉDIENTS

4 perdrix

½ litre de bouillon de poulet

½ verre de vin rouge

1 brin de romarin

1 brin de thym

1 oignon nouveau

1 carotte

1 gousse d'ail

1 tomate râpée

Chocolat

Huile d'olive

Sel et poivre

TRAITEMENT

Assaisonner et dorer les perdrix. Reserver.

Faire revenir la carotte finement hachée, l'ail et la ciboule dans la même huile à feu moyen. Augmentez le feu et ajoutez la tomate. Cuire jusqu'à ce qu'il perde de l'eau. Arrosez de vin et laissez réduire presque complètement.

Mouiller avec le bouillon et ajouter les herbes aromatiques. Cuire à feu doux jusqu'à ce que les perdrix soient tendres. Assaisonnez avec du sel. Retirer du feu et ajouter le chocolat au goût. Retirer.

ROND

Pour donner une touche épicée au plat, vous pouvez ajouter un piment de Cayenne, et si vous le voulez croquant, ajoutez quelques noisettes ou amandes grillées.

QUART DE TALON RÔTI ET SAUCE AUX FRUITS ROUGES

INGRÉDIENTS

4 socs de dinde

250 g de fruits rouges

½ litre de cava

1 brin de thym

1 brin de romarin

3 gousses d'ail

2 poireaux

1 carotte

Huile d'olive

Sel et poivre

TRAITEMENT

Peler et couper en julienne les poireaux, les carottes et l'ail. Déposez ce légume sur une plaque allant au four avec du thym, du romarin et des fruits rouges.

Déposer dessus les quartiers de dinde arrosés d'un filet d'huile, côté peau vers le bas. Rôtir à 175 ºC pendant 1 heure.

Bain au cava après 30 min. Retourner la viande et cuire encore 45 minutes. Après le temps, retirer de la poêle. Mélanger, filtrer et saler la sauce.

ROND

La dinde est cuite lorsque la cuisse et la cuisse se séparent facilement.

POULET RÔTI AVEC SAUCE AUX PÊCHES

INGRÉDIENTS

4 cuisses de poulet

½ litre de vin blanc

1 brin de thym

1 brin de romarin

3 gousses d'ail

2 pêches

2 oignons

1 carotte

Huile d'olive

Sel et poivre

TRAITEMENT

Julienne l'oignon, la carotte et l'ail. Pelez les pêches, coupez-les en deux et retirez les arêtes.

Mettez le thym et le romarin avec la carotte, l'oignon et l'ail au fond d'une plaque à pâtisserie. Déposer dessus le quart de culatta assaisonné d'un filet d'huile, la peau vers le bas, et enfourner à 175°C pendant environ 45 minutes.

Au bout de 30 minutes, versez dessus le vin blanc, retournez-les et laissez cuire encore 45 minutes. Lorsque le poulet est rôti, retirez-le de la poêle et mixez la sauce.

ROND

Des pommes ou des poires peuvent être ajoutées au rôti. La sauce sera délicieuse.

FILET DE POULET FARCI AUX ÉPINARDS ET MOZZARELLA

INGRÉDIENTS

8 filets de poulet fins

200 g d'épinards frais

150g de mozzarella

8 feuilles de basilic

1 cuillère à café de cumin moulu

Farine, œuf et chapelure (pour enrober)

Huile d'olive

Sel et poivre

TRAITEMENT

Assaisonner les poitrines des deux côtés. Garnir d'épinards, de fromage râpé et de basilic haché, et recouvrir d'un autre filet. Passer dans la farine, l'œuf battu et un mélange de chapelure et de cumin.

Faites revenir quelques minutes de chaque côté et retirez l'excédent d'huile sur du papier absorbant.

ROND

L'accompagnement parfait est une bonne sauce tomate. Ce plat peut être préparé à partir de dinde et même de longe fraîche.

POULET RÔTI AU CAVA

INGRÉDIENTS

4 cuisses de poulet

1 bouteille de vin mousseux

1 brin de thym

1 brin de romarin

3 gousses d'ail

2 oignons

Huile d'olive

Sel et poivre

TRAITEMENT

Couper les oignons et la julienne d'ail. Disposer le thym et le romarin au fond d'un plat allant au four, déposer l'oignon, l'ail puis les pattes arrière assaisonnées, côté peau vers le bas. Rôtir à 175 ºC pendant environ 45 min.

Arroser avec le cava après 30 minutes, retourner les dos et cuire encore 45 minutes. Lorsque le poulet est rôti, retirez-le de la poêle et mixez la sauce.

ROND

Une autre variante de la même recette est de la faire avec du vin lambrusco ou passito.

BROCHETTES DE POULET À LA SAUCE AUX ARACHIDES

INGRÉDIENTS

600 g de blancs de poulet

150 g de cacahuètes

500 ml de bouillon de poulet

200 ml de crème

3 cuillères à soupe de sauce soja

3 cuillères de miel

1 cuillère de curry

1 piment de Cayenne finement haché

1 cuillère à soupe de jus de citron vert

Huile d'olive

Sel et poivre

TRAITEMENT

Broyez très bien les cacahuètes jusqu'à ce qu'elles deviennent une pâte. Mélangez-les dans un bol avec le jus de citron vert, le bouillon, le soja, le miel, le curry, le sel et le poivre. Couper les poitrines en morceaux et les faire mariner dans ce mélange pendant une nuit.

Sortez le poulet et mettez-le sur des brochettes. Cuire le mélange précédent avec la crème à feu doux pendant 10 minutes.

Faire dorer les brochettes dans une poêle à feu moyen et servir avec la sauce dessus.

ROND

Vous pouvez les faire avec des mégots de poulet. Mais au lieu de les faire rôtir dans une poêle, faites-les rôtir au four avec la sauce dessus.

POULET PEPITORIA

INGRÉDIENTS

1½ kg de poulet

250 g d'oignon

50 g d'amandes grillées

25 g de pain frit

½ litre de bouillon de poulet

¼ de litre de bon vin

2 gousses d'ail

2 feuilles de laurier

2 œufs durs

1 cuillère à soupe de farine

14 fils de safran

150 g d'huile d'olive

Sel et poivre

TRAITEMENT

Hacher et assaisonner le poulet coupé en morceaux. Faire dorer et réserver.

Couper l'oignon et l'ail en petits morceaux et les faire revenir dans la même huile dans laquelle le poulet a été cuit. Ajouter la farine et faire revenir à feu doux pendant 5 minutes. Arrosez de vin et laissez réduire.

Verser le bouillon salé et cuire encore 15 minutes. Ajouter ensuite le poulet réservé avec les feuilles de laurier et cuire jusqu'à ce que le poulet soit tendre.

Faire griller le safran séparément et l'ajouter au mortier avec le pain frit, les amandes et les jaunes d'œufs. Réduire en purée et ajouter au ragoût de poulet. Cuire encore 5 min.

ROND

Il n'y a pas de meilleur accompagnement pour cette recette qu'un bon riz pilaf. Il peut être présenté avec des blancs d'œufs hachés et un peu de persil finement haché sur le dessus.

POULET A L'ORANGE

INGRÉDIENTS

1 poulet

25 g de beurre

1 litre de bouillon de poulet

1 dl de vin rosé

2 cuillères de miel

1 brin de thym

2 carottes

2 oranges

2 poireaux

Huile d'olive

Sel et poivre

TRAITEMENT

Assaisonner et dorer le poulet haché à feu vif dans l'huile d'olive. Retirer et réserver.

Épluchez et épluchez les carottes et les poireaux et coupez-les en julienne. Cuire dans la même huile dans laquelle le poulet a été doré. Arrosez de vin et faites cuire à feu vif jusqu'à ce qu'il épaississe.

Ajouter le jus d'orange, le miel et le bouillon. Cuire 5 minutes et ajouter à nouveau les morceaux de poulet. Cuire à feu doux pendant 30 minutes. Ajouter le beurre froid et assaisonner de sel et de poivre.

ROND

Vous pouvez sauter une bonne poignée de noix et les ajouter au ragoût en fin de cuisson.

RAGOÛT DE POULET AUX CÈPES

INGRÉDIENTS

1 poulet

200 g de jambon serrano

200 g de cèpes

50 g de beurre

600 ml de bouillon de poulet

1 verre de vin blanc

1 brin de thym

1 gousse d'ail

1 carotte

1 oignon

1 tomate

Huile d'olive

Sel et poivre

TRAITEMENT

Hacher, assaisonner et dorer le poulet dans du beurre et un filet d'huile. Retirer et réserver.

Dans la même matière grasse, faire dorer l'oignon, la carotte et l'ail coupés en petits morceaux et le jambon coupé en cubes. Augmentez le feu et ajoutez les cèpes hachés. Cuire 2 minutes, ajouter la tomate râpée et cuire jusqu'à ce qu'elle perde toute son eau.

Ajoutez à nouveau les morceaux de poulet et versez le vin. Réduire jusqu'à ce que la sauce soit presque sèche. Mouiller avec le bouillon et ajouter le thym. Laisser mijoter à feu doux pendant 25 minutes ou jusqu'à ce que le poulet soit tendre. Assaisonnez avec du sel.

ROND

Utilisez des champignons de saison ou déshydratés.

POULET SAUTÉ AUX NOIX ET SOJA

INGRÉDIENTS

3 poitrines de poulet

70 g de raisins secs

30 g d'amandes

30 g de noix de cajou

30 g de noix

30 g de noisettes

1 verre de bouillon de poulet

3 cuillères à soupe de sauce soja

2 gousses d'ail

1 cayenne

1 citron

Gingembre

Huile d'olive

Sel et poivre

TRAITEMENT

Hachez les magrets de canard, salez et poivrez et faites-les dorer dans une poêle à feu vif. Retirer et réserver.

Dans cette huile, faire revenir les noix avec l'ail râpé, un morceau de gingembre râpé, le piment de Cayenne et le zeste de citron.

Ajouter les raisins secs, les poitrines de poulet réservées et les graines de soja. Réduire 1 min et verser dessus le bouillon. Cuire encore 6 minutes à feu moyen et ajouter du sel si nécessaire.

ROND

Il ne sera guère nécessaire d'utiliser du sel puisqu'il est fourni presque entièrement à partir de soja.

POULET AU CHOCOLAT AUX AMANDES RÔTIES

INGRÉDIENTS

1 poulet

60 g de chocolat noir râpé

1 verre de vin rouge

1 brin de thym

1 brin de romarin

1 feuille de laurier

2 carottes

2 gousses d'ail

1 oignon

Bouillon de poulet (ou eau)

Amandes grillées

Huile d'olive vierge extra

Sel et poivre

TRAITEMENT

Hachez, assaisonnez et faites dorer le poulet dans une marmite très chaude. Retirer et réserver.

Dans la même huile, faire dorer l'oignon, les carottes et les gousses d'ail coupées en petits morceaux à feu doux.

Ajouter la feuille de laurier et les brins de thym et de romarin. Ajouter le vin et le bouillon et cuire à feu doux pendant 40 minutes. Saler et retirer le poulet.

Passer la sauce au mélangeur et la remettre dans la casserole. Ajouter le poulet et le chocolat et remuer jusqu'à ce que le chocolat fonde. Cuire encore 5 minutes pour marier les saveurs.

ROND

Garnir avec les amandes grillées sur le dessus. L'ajout de poivre de Cayenne ou de piments lui donne un côté épicé.

BROCHETTES D'AGNEAU AU PAPRIKA ET VINAIGRETTE À LA MOUTARDE

INGRÉDIENTS

350 g d'agneau

2 cuillères à soupe de vinaigre

1 cuillère à soupe bombée de paprika

1 grosse cuillère à soupe de moutarde

1 cuillère rase de sucre

1 panier de tomates cerises

1 poivron vert

1 poivron rouge

1 petit oignon nouveau

1 oignon

5 cuillères à soupe d'huile d'olive

Sel et poivre

TRAITEMENT

Épluchez et coupez les légumes, sauf la ciboule, en carrés moyens. Couper l'agneau en cubes de même taille. Assemblez les brochettes en alternant un morceau de viande et un morceau de légumes. Saison. Faites-les dorer dans une poêle très chaude avec un filet d'huile pendant 1 ou 2 minutes de chaque côté.

A côté, mélanger la moutarde, le paprika, le sucre, l'huile, le vinaigre et l'oignon haché dans un bol. Assaisonner de sel et émulsionner.

Servir les brochettes fraîchement préparées avec un peu de sauce au paprika.

ROND

Vous pouvez également ajouter 1 cuillère à soupe de curry et un peu de zeste de citron à la vinaigrette.

POITRINE DE VEAU FARCIE AU PORTO

INGRÉDIENTS

1 kg de nageoire de veau (livre à remplir)

350 g de porc haché

1 kg de carottes

1 kg d'oignons

100 g de pignons de pin

1 petite boîte de piments piquillos

1 boîte d'olives noires

1 paquet de bacon

1 tête d'ail

2 feuilles de laurier

Porte

Jus de viande

Huile d'olive

Sel et poivre en grains

TRAITEMENT

Assaisonner l'aileron des deux côtés. Garnir avec le porc, les pignons de pin, les poivrons hachés, les quartiers d'olives et les lanières de bacon. Rouler et mettre un point ou une cravate avec du fil de bride. Faire revenir à feu très vif, retirer et réserver.

Couper les carottes, les oignons et l'ail en brunoise et les faire dorer dans la même huile dans laquelle le veau a été frit. Remplacez l'aileron. Mouiller avec un peu de porto et de bouillon de viande jusqu'à ce que tout soit couvert. Ajouter 8 grains de poivre et les feuilles de laurier. Cuire à couvert à feu doux pendant 40 minutes. Tourner toutes les 10 min. Lorsque la viande est tendre, retirer et mixer la sauce.

ROND

Le porto peut être remplacé par n'importe quel autre vin ou champagne.

BOULETTES DE VIANDE MADRILEÑA

INGRÉDIENTS

1 kg de viande hachée

500 g de porc haché

500 g de tomates mûres

150 g d'oignons

100 g de champignons

1 litre de bouillon de viande (ou d'eau)

2 dl de vin blanc

2 cuillères à soupe de persil frais

2 cuillères à soupe de chapelure

1 cuillère à soupe de farine

3 gousses d'ail

2 carottes

1 feuille de laurier

1 oeuf

sucre

Huile d'olive

Sel et poivre

TRAITEMENT

Mélanger les deux viandes avec le persil haché, 2 gousses d'ail coupées en dés, la chapelure, l'œuf, sel et poivre. Former des boules et les faire dorer dans une poêle. Sortez et réservez.

Dans la même huile, faire revenir l'oignon avec le reste d'ail, ajouter la farine et faire revenir. Ajouter les tomates et cuire encore 5 minutes. Mouiller avec le vin et cuire encore 10 minutes. Ajouter le bouillon et poursuivre la cuisson encore 5 minutes. Moudre et rectifier le sel et le sucre. Cuire les boulettes de viande dans la sauce pendant 10 minutes avec la feuille de laurier.

A part, épluchez, épluchez et coupez les carottes et les champignons. Faites-les revenir dans un peu d'huile pendant 2 minutes et ajoutez-les au ragoût de boulettes.

ROND

Pour rendre le mélange de boulettes de viande plus savoureux, ajoutez 150 g de lard ibérique frais haché. Il est préférable de ne pas appuyer trop fort lors de la fabrication des boules afin qu'elles soient plus juteuses.

JOUES DE VEAU AU CHOCOLAT

INGRÉDIENTS

8 joues de veau

½ litre de vin rouge

6 onces de chocolat

2 gousses d'ail

2 tomates

2 poireaux

1 branche de céleri

1 carotte

1 oignon

1 brin de romarin

1 brin de thym

Farine régulière

Bouillon de boeuf (ou eau)

Huile d'olive

Sel et poivre

TRAITEMENT

Assaisonner et dorer les joues dans une poêle très chaude. Sortez et réservez.

Couper les légumes en brunoise et les faire sauter dans la même poêle dans laquelle les joues ont été frites.

Lorsque les légumes sont tendres, ajouter les tomates cerises râpées et cuire jusqu'à ce qu'elles perdent toute l'eau. Ajouter le vin, les herbes aromatiques et laisser évaporer 5 minutes. Ajouter les joues et le bouillon de bœuf jusqu'à ce qu'ils soient couverts.

Cuire jusqu'à ce que les joues soient très tendres, ajouter le chocolat au goût, mélanger et assaisonner de sel et de poivre.

ROND

La sauce peut être réduite en purée ou laissée avec les morceaux de légumes entiers.

GÂTEAU DE PORC AU LIT CONFIT AVEC SAUCE AU VIN DOUX

INGRÉDIENTS

½ cochon de lait, haché

1 verre de vin doux

2 brins de romarin

2 branches de thym

4 gousses d'ail

1 petite carotte

1 petit oignon

1 tomate

huile d'olive douce

de gros sel

TRAITEMENT

Étalez le cochon de lait sur une plaque allant au four et salez des deux côtés. Ajouter l'ail écrasé et les herbes. Couvrir d'huile et cuire à 100 ºC pendant 5 heures. Laisser ensuite refroidir et désosser en enlevant la viande et la peau.

Placer le papier sulfurisé sur une plaque à pâtisserie. Diviser le porc et déposer la peau dessus (elle doit avoir au moins 2 doigts d'épaisseur). Placer un autre papier sulfurisé et réfrigérer avec un petit poids dessus.

Pendant ce temps préparer un bouillon noir. Couper les os et les légumes en morceaux moyens. Griller les os à 185°C pendant 35 min, ajouter les légumes sur les côtés et cuire encore 25 min. Retirer du four et mouiller avec le vin. Mettez le tout dans une casserole et couvrez d'eau froide. Cuire 2 heures à feu très doux. Égoutter et remettre sur le feu jusqu'à ce que le mélange épaississe légèrement. Dégraisser.

Couper le gâteau en portions et le faire dorer dans une poêle chaude côté peau jusqu'à ce qu'il soit croustillant. Cuire 3 minutes à 180°C.

ROND

C'est plus fatiguant que difficile, mais le résultat est spectaculaire. La seule astuce pour ne pas gâcher la fin est de servir la sauce sur un côté de la viande et non sur le dessus.

LAPIN MARQUÉ

INGRÉDIENTS

1 lapin haché

80 g d'amandes

1 litre de bouillon de poulet

400 ml de marc

200 ml de crème

1 brin de romarin

1 brin de thym

2 oignons

2 gousses d'ail

1 carotte

10 fils de safran

Sel et poivre

TRAITEMENT

Hacher, assaisonner et dorer le lapin. Retirer et réserver.

Faire revenir la carotte, l'oignon et l'ail coupés en petits morceaux dans la même huile. Ajouter le safran et les amandes et cuire 1 min.

Augmentez la chaleur et baignez-vous dans le sol. flambé Ajouter à nouveau le lapin et arroser de bouillon. Ajouter les brins de thym et de romarin.

Cuire environ 30 minutes jusqu'à ce que le lapin soit tendre et ajouter la crème. Cuire encore 5 minutes et ajuster le sel.

ROND

Flambear brûle l'alcool d'un esprit. Ce faisant, assurez-vous que la hotte aspirante est éteinte.

BOULETTES DE VIANDE PEPITORIA SAUCE AUX NOISETTES

INGRÉDIENTS

750 g de viande hachée

750 g de porc haché

250 g d'oignon

60 g de noisettes

25 g de pain frit

½ litre de bouillon de poulet

¼ de litre de vin blanc

10 fils de safran

2 cuillères à soupe de persil frais

2 cuillères à soupe de chapelure

4 gousses d'ail

2 œufs durs

1 oeuf frais

2 feuilles de laurier

150 g d'huile d'olive

Sel et poivre

TRAITEMENT

Dans un bol, mélanger la viande, le persil haché, l'ail haché, la chapelure, l'œuf, le sel et le poivre. Fariner et faire revenir dans une casserole à feu moyen-vif. Retirer et réserver.

Dans la même huile, dorer doucement l'oignon et les 2 autres gousses d'ail coupées en cubes. Arrosez de vin et laissez réduire. Mouiller avec le bouillon et cuire 15 min. Ajouter les boulettes de viande à la sauce avec les feuilles de laurier et cuire encore 15 minutes.

Sur le côté, faites griller le safran et écrasez-le dans un mortier avec le pain frit, les noisettes et les jaunes d'œufs jusqu'à obtenir une pâte lisse. Ajouter au ragoût et cuire encore 5 min.

ROND

Servir avec les blancs d'œufs hachés et un peu de persil sur le dessus.

ESCALADES DE VEAU À LA BIÈRE NOIRE

INGRÉDIENTS

4 filets de veau

125 g de champignons shiitake

1/3 litre de bière brune

1 dl de bouillon de viande

1 dl de crème

1 carotte

1 oignon nouveau

1 tomate

1 brin de thym

1 brin de romarin

Farine régulière

Huile d'olive

Sel et poivre

TRAITEMENT

Assaisonner et fariner les filets. Faites-les dorer légèrement dans une poêle avec un filet d'huile. Sortez et réservez.

Faire revenir l'oignon et la carotte coupés en dés dans la même huile. Une fois cuit, ajouter la tomate râpée et cuire jusqu'à ce que la sauce soit presque sèche.

Mouiller dans la bière, laisser évaporer l'alcool 5 minutes à feu moyen et ajouter le bouillon, les herbes aromatiques et les filets. Cuire pendant 15 minutes ou jusqu'à tendreté.

Séparément, faites dorer les champignons en filet à feu vif et ajoutez-les au ragoût. Assaisonnez avec du sel.

ROND

Les filets ne doivent pas être trop cuits, sinon ils seront très durs.

TRIPES MADRLETIENNES

INGRÉDIENTS

1 kg de tripes propres

2 pattes de cochon

25 g de farine

1 dl de vinaigre

2 cuillères à soupe de paprika

2 feuilles de laurier

2 oignons (dont 1 pincé)

1 tête d'ail

1 piment

2 dl d'huile d'olive

20 g de sel

TRAITEMENT

Blanchir les tripes et les pieds de porc dans une casserole avec de l'eau froide. Cuire 5 min quand ça commence à bouillir.

Videz et remplissez avec de l'eau propre. Ajouter l'oignon haché, le poivron rouge, la tête d'ail et les feuilles de laurier. Ajouter plus d'eau si nécessaire pour bien couvrir et cuire à feu doux, couvert, pendant 4 heures ou jusqu'à ce que les pieds et les tripes soient tendres.

Lorsque les tripes sont prêtes, retirez l'oignon haché, le laurier et le piment. Retirez également les pieds, désossez-les et coupez-les en morceaux de la taille d'une tripe. Remettez-le dans la marmite.

A part, faire dorer l'autre oignon coupé en brunoise, ajouter le paprika et 1 cuillère à soupe de farine. Une fois poché, ajouter au ragoût. Cuire pendant 5 minutes, saler et, si nécessaire, ajouter de l'épaisseur.

ROND

Cette recette gagne en saveur si elle est préparée un jour ou deux à l'avance. Vous pouvez également ajouter des pois chiches cuits et obtenir un plat de légumes de première classe.

LONGE DE PORC RÔTIE AUX POMMES ET À LA MENTHE

INGRÉDIENTS

800 g de longe de porc frais

500 g de pommes

60 g de sucre

1 verre de vin blanc

1 verre de cognac

10 feuilles de menthe

1 feuille de laurier

1 gros oignon

1 carotte

Huile d'olive

Sel et poivre

TRAITEMENT

Assaisonnez la longe et faites-la dorer à feu vif. Retirer et réserver.

Faire revenir l'oignon et la carotte nettoyés et finement hachés dans cette huile. Pelez et évidez les pommes.

Transférer le tout sur une plaque à pâtisserie, tremper dans l'alcool et ajouter la feuille de laurier. Cuire au four à 185°C pendant 90 minutes.

Retirer les pommes et les légumes et les écraser avec le sucre et la menthe. Fileter la longe et la sauce avec le liquide de cuisson et servir avec la compote de pommes.

ROND

Pendant la cuisson, ajoutez un peu d'eau dans la poêle pour éviter que la longe ne se dessèche.

BOULETTES DE POULET AVEC SAUCE AUX FRAMBOISES

INGRÉDIENTS

pour les boulettes de viande

1 kg de viande de poulet hachée

1 dl de lait

2 cuillères à soupe de chapelure

2 oeufs

1 gousse d'ail

vin de xérès

Farine régulière

Persil haché

Huile d'olive

Sel et poivre

Pour la sauce aux framboises

200 g de confiture de framboise

½ litre de bouillon de poulet

1 ½ dl de vin blanc

½ dl de sauce soja

1 tomate

2 carottes

1 gousse d'ail

1 oignon

sel

TRAITEMENT

pour les boulettes de viande

Mélanger la viande avec la chapelure, le lait, les œufs, la gousse d'ail finement hachée, le persil et une goutte de vin. Salez et poivrez et laissez reposer 15 minutes.

Former des boules avec le mélange et les rouler dans la farine. Faites-les revenir dans l'huile en veillant à ce qu'ils soient légèrement crus à l'intérieur. Réserver l'huile.

Pour la sauce aigre-douce aux framboises

Pelez et coupez l'oignon, l'ail et les carottes en petits cubes. Faire dorer dans la même huile dans laquelle les boulettes de viande ont été dorées. Assaisonner avec une pincée de sel. Ajouter la tomate coupée en petits morceaux sans peau ni pépins et cuire jusqu'à évaporation de l'eau.

Arrosez de vin et faites cuire jusqu'à ce qu'il ait réduit de moitié. Ajouter la sauce soja et le bouillon et cuire encore 20 minutes jusqu'à ce que la sauce épaississe. Ajouter la confiture et les boulettes de viande et cuire encore 10 minutes.

ROND

La confiture de framboise peut être remplacée par une autre de n'importe quel fruit rouge et même de la confiture.

RAGOÛT D'AGNEAU

INGRÉDIENTS

1 gigot d'agneau

1 grand verre de vin rouge

½ tasse de tomates en conserve (ou 2 tomates râpées)

1 cuillère à soupe de paprika doux

2 grosses pommes de terre

1 poivron vert

1 poivron rouge

1 oignon

Bouillon de boeuf (ou eau)

Huile d'olive

Sel et poivre

TRAITEMENT

Hachez, assaisonnez et faites dorer la cuisse dans une marmite très chaude. Sortez et réservez.

Dans la même huile, faire revenir les dés de poivrons et l'oignon. Lorsque les légumes sont bien dorés, ajoutez la cuillerée de paprika et la tomate. Poursuivre la cuisson à feu vif jusqu'à ce que la tomate perde son eau. Ajoutez ensuite à nouveau l'agneau.

Arrosez de vin et laissez réduire. Couvrir avec le bouillon de viande.

Ajouter les pommes de terre cachelada (non coupées) lorsque l'agneau est tendre et cuire jusqu'à ce que les pommes de terre soient bien cuites. Assaisonnez avec du sel et du poivre.

ROND

Pour une sauce encore plus délicieuse, faites revenir 4 piments piquillos et 1 gousse d'ail séparément. Mélanger avec un peu de bouillon de ragoût et ajouter au ragoût.

civette lièvre

INGRÉDIENTS

1 lièvre

250 g de champignons

250 g de carottes

250 g d'oignon

100 g de lard

¼ litre de vin rouge

3 cuillères à soupe de sauce tomate

2 gousses d'ail

2 branches de thym

2 feuilles de laurier

Bouillon de boeuf (ou eau)

Huile d'olive

Sel et poivre

TRAITEMENT

Couper le lièvre et le laisser macérer 24 heures dans les carottes, l'ail et l'oignon coupés en petits morceaux, le vin, 1 brin de thym et 1 feuille de laurier. Une fois le temps écoulé, égouttez et réservez le vin d'un côté et les légumes de l'autre.

Assaisonnez le lièvre, faites-le dorer à feu vif et retirez-le. Cuire les légumes à feu moyen-doux dans la même huile. Ajouter la sauce tomate et faire revenir 3 minutes. Remettez le lièvre. Mouiller avec le vin et le bouillon jusqu'à ce que la viande soit recouverte. Ajouter l'autre branche de thym et l'autre feuille de laurier. Cuire jusqu'à ce que le lièvre soit tendre.

Pendant ce temps, faites dorer le lard coupé en lamelles et les champignons coupés en quartiers et ajoutez-les au ragoût. A côté, écrasez le foie de lièvre dans un mortier et ajoutez-le également. Cuire encore 10 minutes et assaisonner de sel et de poivre.

ROND

Ce plat peut être réalisé avec n'importe quel gibier et sera plus savoureux s'il est préparé la veille.

LAPIN AVEC PIPERRADA

INGRÉDIENTS

1 lapin

2 grosses tomates

2 oignons

1 poivron vert

1 gousse d'ail

sucre

Huile d'olive

Sel et poivre

TRAITEMENT

Hachez, assaisonnez et faites dorer le lapin dans une casserole. Retirer et réserver.

Couper l'oignon, le poivron et l'ail en petits morceaux et les faire revenir à feu doux pendant 15 minutes dans la même huile dans laquelle le lapin a été cuit.

Ajouter les tomates coupées en brunoise et cuire à feu moyen jusqu'à ce qu'elles perdent toute leur eau. Ajustez le sel et le sucre si nécessaire.

Ajouter le lapin, baisser le feu et cuire 15 ou 20 minutes dans une casserole couverte en remuant de temps en temps.

ROND

Des courgettes ou des aubergines peuvent être ajoutées à la piperrada.

BOULETTES DE POULET FARCIES AU FROMAGE AVEC SAUCE AU CURRY

INGRÉDIENTS

500 g de poulet haché

150 g de fromage en dés

100 g de chapelure

200 ml de crème

1 verre de bouillon de poulet

2 cuillères de curry

½ cuillère à soupe de chapelure

30 raisins secs

1 poivron vert

1 carotte

1 oignon

1 oeuf

1 citron

Lait

Farine régulière

Huile d'olive

sel

TRAITEMENT

Assaisonnez le poulet et mélangez-y la chapelure, l'œuf, 1 cuillère à soupe de curry et la chapelure trempée dans le lait. Former des boules, les remplir d'un cube de fromage et les rouler dans la farine. Frire et réserver.

Faire revenir l'oignon, le poivron et la carotte hachés dans la même huile. Ajouter le zeste de citron et cuire quelques minutes. Ajouter l'autre cuillère à soupe de curry, les raisins secs et le bouillon de poulet. Ajouter la crème lorsqu'elle commence à bouillir et cuire 20 min. Assaisonnez avec du sel.

ROND

Un accompagnement idéal pour ces boulettes de viande sont des champignons en quartiers sautés avec quelques gousses d'ail hachées et arrosés d'une bonne touche de porto ou de Pedro Ximénez.

OREILLERS AU VIN ROUGE

INGRÉDIENTS

12 joues de porc

½ litre de vin rouge

2 gousses d'ail

2 poireaux

1 poivron rouge

1 carotte

1 oignon

Farine régulière

Bouillon de boeuf (ou eau)

Huile d'olive

Sel et poivre

TRAITEMENT

Assaisonner et dorer les joues dans une poêle très chaude. Sortez et réservez.

Coupez les légumes en bronoise et faites-les dorer dans la même huile dans laquelle le porc a été frit. Quand ils sont bien cuits, mouillez-les avec le vin et laissez-les s'évaporer pendant 5 minutes. Ajouter les joues et le bouillon de bœuf jusqu'à ce qu'ils soient couverts.

Cuire jusqu'à ce que les joues soient très tendres et si vous le souhaitez, remuez la sauce pour qu'il n'y ait plus de morceaux de légumes.

ROND

Les joues de porc prennent beaucoup moins de temps à cuire que les joues de boeuf. Une saveur différente est obtenue en ajoutant une once de chocolat à la sauce.

COCHIFRITO NAVARRE

INGRÉDIENTS

2 gigots d'agneau hachés

50 g de saindoux

1 cuillère à café de paprika

1 cuillère à soupe de vinaigre

2 gousses d'ail

1 oignon

Huile d'olive

Sel et poivre

TRAITEMENT

Couper les cuisses d'agneau en morceaux. Salez et faites dorer à feu vif dans une casserole. Sortez et réservez.

Faire revenir l'oignon et l'ail finement hachés dans la même huile pendant 8 minutes à feu doux. Ajouter le paprika et faire sauter encore 5 secondes. Ajouter l'agneau et couvrir d'eau.

Cuire jusqu'à ce que la sauce ait réduit et que la viande soit tendre. Mouiller avec le vinaigre et porter à ébullition.

ROND

Le brunissage initial est essentiel car il empêche les sucs de s'échapper. De plus, il donne une touche croquante et rehausse les saveurs.

RAGOÛT DE BŒUF À LA SAUCE AUX ARACHIDES

INGRÉDIENTS

750 g de jarret de viande

250 g de cacahuètes

2 litres de bouillon de viande

1 verre de crème

½ verre de cognac

2 cuillères à soupe de sauce tomate

1 brin de thym

1 brin de romarin

4 pommes de terre

2 carottes

1 oignon

1 gousse d'ail

Huile d'olive

Sel et poivre

TRAITEMENT

Hacher, assaisonner et dorer le jarret à feu vif. Sortez et réservez.

Faire revenir l'oignon, l'ail et les carottes coupées en dés dans la même huile à feu doux. Augmentez le feu et ajoutez la sauce tomate. Laissez réduire jusqu'à ce qu'il perde toute son eau. Arrosez de cognac et laissez l'alcool s'évaporer. Ajoutez à nouveau la viande.

Bien écraser les cacahuètes avec le bouillon et l'ajouter à la poêle, ainsi que les herbes aromatiques. Cuire à feu doux jusqu'à ce que la viande soit presque tendre.

Ajouter ensuite les pommes de terre épluchées et coupées en carrés réguliers et la crème. Cuire 10 minutes et assaisonner de sel et de poivre. Laisser reposer 15 minutes avant de servir.

ROND

Ce plat de viande peut être servi avec du riz pilaf (voir rubrique Riz et Pâtes).

PORC BRÛLÉ

INGRÉDIENTS

1 cochon de lait

2 cuillères à soupe de saindoux

sel

TRAITEMENT

Tapisser les oreilles et la queue de papier d'aluminium pour qu'ils ne brûlent pas.

Disposez 2 cuillères en bois sur une plaque allant au four et placez le porcelet face vers le haut en l'empêchant de toucher le fond du récipient. Ajouter 2 cuillères à soupe d'eau et cuire à 180°C pendant 2 heures.

Dissoudre le sel dans 4 dl d'eau et peindre l'intérieur du porcelet toutes les 10 minutes. À ce stade, retournez-le et continuez à peindre avec de l'eau et du sel jusqu'à la fin du temps imparti.

Faire fondre le beurre et peindre la peau. Monter le four à 200°C et cuire encore 30 minutes ou jusqu'à ce que la peau soit dorée et croustillante.

ROND

Ne mettez pas le jus sur votre peau; cela lui fera perdre son croquant. Servir la sauce au fond de l'assiette.

JOINT DE CHOU RÔTI

INGRÉDIENTS

4 articulations

½ chou

3 gousses d'ail

Huile d'olive

Sel et poivre

TRAITEMENT

Couvrir les jarrets d'eau bouillante et cuire pendant 2 heures ou jusqu'à ce qu'ils soient complètement tendres.

Retirez-les de l'eau et faites-les cuire avec un filet d'huile à 220°C jusqu'à ce qu'ils soient dorés. Saison.

Couper le chou en fines lanières. Cuire dans une eau bouillante abondante pendant 15 min. Drain.

Pendant ce temps, faites dorer l'ail haché dans un peu d'huile, ajoutez le chou et faites-le dorer. Assaisonner de sel et de poivre et servir avec les jarrets rôtis.

ROND

Les jarrets peuvent également être cuits dans une poêle très chaude. Faites-les bien dorer de tous les côtés.

LAPIN CHASSEUR

INGRÉDIENTS

1 lapin

300 g de champignons

2 verres de bouillon de poulet

1 verre de vin blanc

1 brin de thym frais

1 feuille de laurier

2 gousses d'ail

1 oignon

1 tomate

Huile d'olive

Sel et poivre

TRAITEMENT

Hachez, assaisonnez et faites dorer le lapin à feu vif. Sortez et réservez.

Faire revenir l'oignon et l'ail hachés dans la même huile pendant 5 minutes. Augmentez le feu et ajoutez la tomate râpée. Cuire jusqu'à ce qu'il n'y ait plus d'eau.

Ajouter à nouveau le lapin et baigner dans le vin. Laisser réduire et la sauce est presque sèche. Verser le bouillon et cuire avec les herbes aromatiques pendant 25 minutes ou jusqu'à ce que la viande soit tendre.

Pendant ce temps, faire revenir les champignons nettoyés et friables dans une poêle chaude pendant 2 min. Assaisonner de sel et ajouter au ragoût. Cuire encore 2 minutes et ajuster le sel si nécessaire.

ROND

Vous pouvez faire cette même recette avec du poulet ou de la dinde.

BALANCE DE VEAU MADRILEÑA

INGRÉDIENTS

4 filets de veau

1 cuillère à soupe de persil frais

2 gousses d'ail

Farine, œuf et chapelure (pour enrober)

Huile d'olive

Sel et poivre

TRAITEMENT

Hacher finement le persil et l'ail. Mélangez-les dans un bol et ajoutez la chapelure. Retirer.

Assaisonner les filets de sel et de poivre et les passer dans le mélange de farine, œuf battu et chapelure avec ail et persil.

Appuyez avec les mains pour que la panure adhère bien et dorez dans beaucoup d'huile chaude pendant 15 secondes.

ROND

Écrasez les filets avec un maillet pour que les fibres se brisent et que la viande soit plus tendre.

SAUCE LAPIN CHAMPIGNONS

INGRÉDIENTS

1 lapin

250 g de champignons de saison

50 g de saindoux

200 g de lard

45 g d'amandes

600 ml de bouillon de poulet

1 verre de xérès

1 carotte

1 tomate

1 oignon

1 gousse d'ail

1 brin de thym

Sel et poivre

TRAITEMENT

Hacher et assaisonner le lapin. Faites-le dorer à feu vif dans le beurre avec les lardons coupés en bâtonnets. Sortez et réservez.

Dans cette même matière grasse, faire dorer l'oignon, la carotte et l'ail hachés. Ajouter les champignons hachés et cuire 2 min. Ajouter la tomate râpée et cuire jusqu'à ce qu'elle perde son eau.

Ajoutez à nouveau le lapin et le bacon et mouillez dans le vin. Laisser réduire et la sauce est presque sèche. Mouiller avec le bouillon et ajouter le thym. Cuire à feu doux pendant 25 minutes ou jusqu'à ce que le lapin soit tendre. Compléter avec les amandes en surface et assaisonner de sel.

ROND

Vous pouvez utiliser des champignons shiitake séchés. Ils portent beaucoup de saveurs et d'arômes.

CÔTES DE PORC IBÉRIQUE AU VIN BLANC ET AU MIEL

INGRÉDIENTS

1 côte de porc ibérique

1 verre de vin blanc

2 cuillères de miel

1 cuillère à soupe de paprika doux

1 cuillère à soupe de romarin haché

1 cuillère à soupe de thym haché

1 gousse d'ail

Huile d'olive

Sel et poivre

TRAITEMENT

Dans un bol mettre les épices, l'ail râpé, le miel et le sel. Ajouter ½ tasse d'huile et mélanger. Tartiner les côtes avec ce mélange.

Rôtir à 200°C pendant 30 minutes côté viande vers le bas. Retourner, arroser de vin et cuire encore 30 minutes ou jusqu'à ce que les côtes soient dorées et tendres.

ROND

Pour que les saveurs s'imprègnent davantage des côtes levées, il est préférable de faire mariner la viande la veille.

www.ingramcontent.com/pod-product-compliance
Lightning Source LLC
Chambersburg PA
CBHW050345120526
44590CB00015B/1563